Sammlung Außerdeutscher Strafgesetzbücher
in deutscher Übersetzung

Herausgegeben von

Professor Dr. Hans-Heinrich Jescheck,
Direktor des Instituts für ausländisches und internationales Strafrecht
an der Universität Freiburg i. Br.
und Professor Dr. Gerhard Kielwein, Saarbrücken

LXXV.

Das Belgische Strafgesetzbuch
(Code Pénal Belge)

Berlin 1958

Walter de Gruyter & Co.

vormals G. J. Göschen'sche Verlagshandlung · J. Guttentag, Verlagsbuchhandlung · Georg Reimer · Karl J. Trübner · Veit & Comp.

Das Belgische Strafgesetzbuch

Übersetzt von

Dr. Heinrich Grützner

Ministerialrat im Bundesjustizministerium

unter Mitwirkung von

Gisela von Kieckebusch

Sprachendienstleiterin im Bundesjustizministerium

Einleitung von

J. Marchal

Rechtsberater im belgischen Justizministerium

Gedruckt mit Unterstützung der Gesellschaft für Rechtsvergleichung

Berlin 1958

Walter de Gruyter & Co.

vormals G. J. Göschen'sche Verlagshandlung · J. Guttentag, Verlagsbuchhandlung · Georg Reimer · Karl J. Trübner · Veit & Comp.

Archiv-Nr. 246358/75
Satz und Druck: Thormann & Goetsch · Berlin-Neukölln

Vorwort

Das belgische Strafgesetzbuch von 1867 hat im Laufe der 90 Jahre seines Bestehens zahlreiche Änderungen erfahren, so daß der jetzige Text in Satzbau und Ausdruck teilweise recht unterschiedliche Bestimmungen aufweist. Um die sich hieraus ergebende Gefahr von Sinnentstellungen zu vermeiden, ist davon abgesehen worden, der Übersetzung ausschließlich die deutsche Gesetzessprache zugrunde zu legen. Zudem wird durch die stilistische Angleichung der Übersetzung an die Satzstellung des belgischen Textes der Charakter des belgischen Gesetzbuchs weitgehend gewahrt. Allerdings wird der deutschen Gesetzessprache folgend das strafbare Tätigwerden in der Gegenwartsform gebracht, wie auch im Gegensatz zu dem belgischen Text von den Schuldigen nicht in der Mehrzahl, sondern in der Einzahl gesprochen wird. Vor allem sind, wenn irgend möglich, die Begriffsbestimmungen des deutschen Strafgesetzbuchs verwandt worden. Durch diese Übersetzungstechnik hoffen wir, das Wichtigste einer jeden Übersetzung erreicht zu haben: die äußere Angleichung an deutsche Terminologien ohne Entstellung des Sinnes der ausländischen Gesetzesbestimmung und ohne Beeinträchtigung des besonderen Stils des ausländischen Gesetzes.

Die Übersetzung, die im wesentlichen an Hand des in „Les Codes Larcier", Ausgabe 1953, veröffentlichten Textes gefertigt worden ist, enthält sämtliche bis heute erfolgte Gesetzesänderungen.

An dieser Stelle danken wir besonders Herrn J. Marchal, Rechtsberater im belgischen Justizministerium, der uns bei der Klärung von Zweifelsfragen unermüdlich zur Seite gestanden hat.

Bonn, im März 1958.

Dr. Heinrich Grützner
Gisela v. Kieckebusch

Inhaltsverzeichnis

Das Belgische Strafgesetzbuch vom 8. Juni 1867

Erstes Buch

Von den strafbaren Handlungen und der Bestrafung im allgemeinen

Inhaltsverzeichnis

Inhaltsverzeichnis

Inhaltsverzeichnis

Einleitung

Von J. Marchal,

Conseiller Juridique au Ministère Belge de la Justice

I.

Die Entwicklung des belgischen Strafrechts

Die Entwicklung, die das belgische Strafrecht genommen hat, entspricht der Entwicklung, die auf dem Gebiet des Strafrechts in den meisten westeuropäischen Ländern zu verzeichnen ist.

Die Zugehörigkeit Belgiens zu Frankreich von 1794 bis 1815 hatte zur Folge, daß das französische Strafgesetzbuch von 1810, eines der wichtigsten Dokumente des modernen Rechts, in Belgien Anwendung fand. Die Angliederung Belgiens an die Niederlande im Jahre 1815 änderte hieran nichts. Selbst die Unabhängigkeitserklärung Belgiens im Jahre 1830 hatte zunächst keinen Einfluß auf die Gültigkeit des französischen Strafgesetzbuchs, obwohl die Notwendigkeit einer Revision der in Kraft befindlichen Gesetze sogar durch Artikel 139 Nr. 11 der belgischen Verfassung vom 7. Februar 1831 anerkannt worden war. Eine 1834 eingeleitete Strafrechtsreform scheiterte sehr schnell. Erst eine im Jahre 1848 eingesetzte Kommission erarbeitete einen Entwurf, der nach zahlreichen Änderungen 1867 Gesetz wurde. So war das französische Strafgesetzbuch für Belgien vom 1. Februar 1811 bis zum 15. Oktober 1867 maßgebend.

Die grundlegende Änderung des Strafgesetzes, die zu dem belgischen Strafgesetzbuch vom 8. Juni 1867 führte, war zu einem recht erheblichen Teil bedingt durch die Strenge des Gesetzes von 1810.

Dieses Gesetz teilte die Kriminalstrafen in entehrende Strafen und in entehrende Leibesstrafen ein, wobei die ersteren den Verurteilten in seinem Ansehen, die letzteren ihn gleichzeitig in seiner Person und in seinem Ansehen trafen. Das Gesetzbuch von 1867 beseitigte diese Einteilung.

Auch auf dem Gebiet der mildernden Umstände führte dieses Gesetzbuch Neuerungen ein.

Das Gesetz von 1810 sah für die Verbrechen eine einzige Strafe, für die sonstigen Straftaten bald eine einzige, bald eine Höchst- und eine Mindeststrafe vor. Darüber hinaus gewährte es bei bestimmten Verbrechen, die mit zeitiger Freiheitsstrafe bestraft wurden, das Recht, zwischen einer Höchst- und einer Mindeststrafe zu wählen. Jedoch war die Strafbefugnis des Richters immer in diesen unüberschreitbaren Grenzen eingeschlossen.

Dagegen ließ das Strafgesetzbuch von 1867 allgemein die Zubilligung mildernder Umstände zu und ermöglichte sie in allen Strafsachen. Wenn es auch für jede Strafe ein Höchstmaß und ein Mindestmaß festsetzte, so ermächtigte es doch den Richter, bei Vorliegen von erschwerenden oder mildernden Umständen oder auch von Rechtfertigungsgründen die Strafen über diese Grenzen hinaus zu verschärfen oder zu mildern. In vielen Fällen gab das neue Gesetzbuch dem Richter das Recht, Gefängnis- und Geldstrafe kumulativ oder getrennt zu verhängen.

Die Individualisierung der Strafe war damit verwirklicht.

Mit dem Strafgesetzbuch von 1867 hatte Belgien ein klassisches Strafgesetz erhalten. Das Werk war jedoch nicht ohne Lücken. Aber schon in den nächsten Jahren wurden fühlbare Verbesserungen vorgenommen, die in ihrem Wesensgehalt die Persönlichkeit der Minister Le Jeune und Carton de Wiart widerspiegelten. Später wurde das Strafgesetzbuch durch Neuerungen vervollständigt, zu denen Minister Vandervelde den Anstoß gegeben hatte.

Auf diese Weise wurden nach und nach dem Strafgesetzbuch von 1867 zahlreiche Gesetze aufgepfropft, die zwar zum Teil in Übereinstimmung mit dem Strafgesetzbuch von der klassischen Strafrechtslehre ausgingen, die auf der rein moral-juristischen Auffassung der Verantwortlichkeit aufgebaut ist, aber zu einem nicht unerheblichen Teil den Grundanschauungen des Gesetzgebers von 1867 mehr oder weniger zuwiderliefen.

Von den Änderungsgesetzen sollen nur die bedeutendsten hier erwähnt werden.

Das Gesetz vom 31. Mai 1888 führte in das Strafensystem die bedingte Entlassung und die bedingte Verurteilung ein. Es war der erste Schritt auf dem Wege einer Gesetzgebung, die im wesentlichen auf die Umerziehung der Rechtsbrecher abzielt. Inzwischen ist das Gesetz von 1888 durch das Gesetz vom 14. November 1947 abgeändert worden, das die Möglichkeiten für die Gewährung von Strafaussetzungen beträchtlich erweitert.

Durch ein Gesetz vom 27. November 1897 wurden Maßregeln der Sicherung bei Landstreicherei und Bettelei eingeführt, die als solche nicht mehr strafrechtlich zu erfassen waren. Seitdem sind sie mit Ausnahme der in Artikel 342 bis 345 bStGB aufgeführten Tatbestände aus dem Bereich des wirklichen Strafrechts ausgeschieden und können nur noch die Anwendung von Sicherungsmaßnahmen verwaltungsmäßiger Art veranlassen.

Am 15. Mai 1912 wurde das Kinderschutzgesetz angenommen. Dieses Gesetz sieht für den jugendlichen Täter unter 16 Jahren Erziehungs-, Aufsichts- und Schutzmaßnahmen an Stelle einer Bestrafung vor.

Ein besonderes Gesetz über mildernde Umstände erging am 23. August 1919. In einem noch günstigeren Umfang, als es das Gesetzbuch von 1867 tut, läßt es die Zubilligung mildernder Umstände zu, indem es den Gerichten eine noch ausgedehntere Ermessensfreiheit gewährt.

Endlich nahm der Gesetzgeber am 9. April 1930 das vorgenannte Gesetz über die soziale Verteidigung an, das für die anomalen Täter und die Gewohnheitsverbrecher ihrer Wesensart angepaßte Sühne- und Sicherungsmaßnahmen festlegte.

Das Gesetzbuch von 1867 berücksichtigte nur die vollkommen Schwachsinnigen und die Taubstummen. Gegen den vollkommen Schwachsinnigen gab es keine Strafverfolgung; er wurde eingesperrt und den nicht straffälligen Geisteskranken gleichgestellt. Der Taubstumme konnte entsprechend der Schwere der begangenen Straftaten freigesprochen, milde bestraft oder in eine durch das Gesetz bestimmte Anstalt eingewiesen werden. Anomale Personen, die weder vollkommen schwachsinnig noch taubstumm waren, kannte das belgische Strafgesetzbuch bis zum Jahre 1930 nicht.

Von diesem Jahre an werden auf Grund des Gesetzes über die soziale Verteidigung Beschuldigte, die wahnsinnig sind oder sich in einem Zustand schwerer geistiger Zerrüttung oder der Geistesschwäche befinden, der sie unfähig zur Kontrolle ihrer Handlungen macht, nicht mehr bestraft, sondern Maßregeln der Sicherung unterworfen, d. h. Internierungsmaßnahmen, die von einem Gericht angeordnet werden.

Die Rückfälligen, die unter der Herrschaft des ursprünglichen Gesetzbuchs von 1867 Gegenstand von Überwachungsmaßnahmen der Polizei waren, werden — eingeteilt in Gewohnheitsverbrecher und Rückfällige — der Regierung zur Verfügung gestellt.

Wer die Entwicklung des belgischen Strafrechts in seinen hauptsächlichen Etappen aufzeichnet, würde wohl einen Fehler begehen, wenn er nicht die günstigen Wirkungen erwähnt, die das Gesetz vom 25. April 1896 über die Rehabilitierung in Strafsachen hinsichtlich der Besserung der Verurteilten und ihrer Wiedereingliederung in die menschliche Gesellschaft erzielt hat. Die Rehabilitierung, ein Gnadenerweis, der durch das Gesetz vom 8. Februar 1954 in einem wesentlich größeren Umfang als bis dahin zugelassen worden ist, muß als eine erste Ermutigung des Verurteilten, der Reue zeigt, und als eine Belohnung seiner Bemühungen, den rechten Weg zu finden und beizubehalten, betrachtet werden.

Es darf in diesem Zusammenhang nicht unterlassen werden, darauf hinzuweisen, daß die belgische Strafvollzugsverwaltung ihre Vorstellung von dem Zweck der Strafe der auf eine Individualisierung der Strafe und die Wiedereingliederung der Verurteilten hinzielenden Entwicklung des Strafrechts angepaßt hat. Unter Zuhilfenahme geeigneter Mittel und insbesondere der medizinischen Erkenntnisse führt sie nunmehr planmäßig wissenschaftliche Beobachtungen der Rechtsbrecher durch.

Während das klassische Strafrecht, dessen Prinzipien die Grundlage des Gesetzbuchs von 1867 bildeten, derartige Möglichkeiten nicht bot, hat die Entwicklung des belgischen Strafrechts insbesondere seit Erlaß des Gesetzes über die soziale Verteidigung vom 9. April 1930 es der Strafvollzugsverwaltung gestattet, ihre Einrichtungen nach den modernsten Ideen zu entwickeln: offene Anstalten, Strafkolonien, Arbeitslager unter Selbstverwaltung usw. Im übrigen strebt die Strafvollzugsverwaltung, geleitet von dem Gedanken, daß die zu verbüßende Strafe für die meisten Straffälligen nur einen vorübergehenden Zustand bedeutet, nach dessen Beendigung sie den Kontakt mit der Gesellschaft wieder aufnehmen, durch die Errichtung sozialer Einrichtungen und durch die Fürsorge charitativer Ausschüsse ebenfalls und vor allem die Wiedereingliederung der freigelassenen Verurteilten in die menschliche Gemeinschaft an.

Ergänzend ist noch zu berichten, daß das belgische Parlament zur Zeit mit dem Entwurf eines Gesetzes befaßt ist, durch das in das Strafensystem die Aussetzung der Urteilsverhängung, die Aussetzung der Strafvollstreckung und die Stellung des Straffälligen unter Bewährung eingeführt werden soll.

II.

Bemerkungen über einige von dem deutschen Strafrecht abweichende Straftatbestände des belgischen Strafrechts

Das belgische Strafgesetzbuch weicht in einigen bedeutsamen Bestimmungen erheblich von den entsprechenden Strafbestimmungen des deutschen Strafgesetzbuchs ab. Um aufzuzeigen, wie weit in einzelnen Fällen die belgische und die deutsche Rechtsauffassung voneinander abweichen, sind im nachstehenden die Unterschiede der schwerwiegendsten Strafbestimmungen dargestellt, die insbesondere in Auslieferungsverfahren von praktischer Bedeutung sind:

1. **Falsches Zeugnis und falsche Erklärungen von Sachverständigen oder Dolmetschern — Meineid — (Artikel 215 bis 220, 224 § 1, 226 bStGB)**

Das belgische Strafrecht bezeichnet als falsches Zeugnis die vor Gericht mündlich und unter Eid gemachte Aussage eines Zeugen, der in Verkennung der ihm auferlegten Pflicht den Richter vorsätzlich durch wahrheitswidrige Aussagen belügt.

Das falsche Zeugnis ist weit mehr eine Straftat gegen den öffentlichen Glauben als eine Straftat gegen Personen. Auch wird, obwohl der Eid eine wesentliche Bedingung der Zeugenaussage ist, das falsche Zeugnis nicht als eine Verletzung der Religion oder religiöser Anschauungen bestraft.

Eine falsche Zeugenaussage in Strafsachen ist strafrechtlich erst bedeutsam, wenn sie entweder gegen den Angeklagten oder zu seinen Gunsten in der Hauptverhandlung gemacht worden ist. Das falsche Zeugnis vor dem Untersuchungsrichter ist nicht strafbar. Der Zeuge kann seine Aussage bis zum Abschluß der Verhandlungen vor dem die Rechtsfrage des Prozesses entscheidenden Richter oder, wenn die Verhandlung zu dem Zweck vertagt wird, die Feststellung des falschen Zeugnisses zu ermöglichen, zumindest bis zur Vertagung widerrufen.

Das falsche Zeugnis, das sich auf eine Frage bezieht, die mit der Verhandlung nicht im Zusammenhang steht, ist nicht strafbar. Diese Regel gilt auch für das falsche Zeugnis in Zivilsachen.

Ein falsches Zeugnis in Zivilsachen, dem das falsche Zeugnis in Handelssachen gleichsteht, kann nur von dem Zeugen abgegeben werden, der vor Gericht geladen worden ist oder auf Anordnung des Gerichts aussagt. Bei außergerichtlichen Erklärungen gibt es kein strafbares falsches Zeugnis. Daher sind nicht strafbar falsche (eidliche oder eidesstattliche) Erklärungen, die vor dem Friedensrichter bei einer Beglaubigung oder vor einem Notar bei Aufstellung eines Vermögensverzeichnisses abgegeben werden.

Einen Meineid gibt es nur bei einem gerichtlichen Parteieid in Zivilsachen, wozu auch die Handelssachen gehören. Das belgische Recht kennt zwei Arten dieses Eides:

a) den Eid, der einer Partei von der anderen Partei zugeschoben wird, um davon das Urteil in dem Prozeß abhängig zu machen: das ist der prozeßentscheidende Eid (belgisches Zivilgesetzbuch Artikel 2275);
b) den Eid, der von Amts wegen der einen oder anderen Partei durch den Richter auferlegt wird: das ist der ergänzende Eid (belgisches Zivilgesetzbuch Artikel 1357 ff.).

Artikel 226 des bStGB bezieht sich auf diese beiden Eidesarten. Er gilt aber nicht für den falschen Eid, der bei einer Vernehmung über Tatsachen und Handelsartikel (belgische Zivilprozeßordnung Artikel 324 ff.) oder in Erbschaftsangelegenheiten bei Abschluß der Versiegelung und der Inventaraufnahme (belgische Zivilprozeßordnung Artikel 914 und 943) geleistet wird.

2. **Notzucht (Artikel 375 und 376 bStGB)**

Die Artikel 375 und 376 bStGB, die Notzucht unter Strafe stellen, erstrecken sich nicht nur auf die Notzucht im Sinne des § 177 dtStGB, sondern sie können auch in dem Sinne ausgelegt werden, daß sie die in § 176 Absatz 1 Nr. 2 und § 179 dtStGB unter Strafe gestellten Handlungen umfassen. Allerdings ist bei einem Vergleich zwischen Artikel 375 bStGB und § 179 dtStGB zu berücksichtigen, daß die Handlung, eine Person weiblichen Geschlechts durch Vorspiegelung einer Trauung zur Gestattung des Beischlafs verleitet zu haben, nur dann unter die Bestimmungen des belgischen Strafrechts fällt, wenn sie unter Anwendung von Arglist begangen worden ist, d. h. mittels schuldhafter Machenschaften und nicht allein mittels einfacher Täuschung.

3. **Blutschande**

Blutschande, die nach dem deutschen Strafrecht eine Straftat „sui generis" ist (§ 173 dtStGB), bleibt nach belgischem Strafrecht als solche straffrei.

Es muß aber darauf hingewiesen werden, daß in bestimmten Fällen von Blutschande das belgische Strafrecht anwendbar sein kann. Dies ist der Fall, wenn die Blutschande die Tatbestandsmerkmale von unzüchtigen Handlungen in sich vereint und ohne Gewaltanwendung oder Drohungen von einem Verwandten aufsteigender Linie an der Person oder mit Hilfe der Person eines Minderjährigen begangen wird, auch wenn dieser das 16. Lebensjahr bereits vollendet hat, aber nicht durch eine Eheschließung mündig geworden ist (Artikel 372 Absatz 2 bStGB).

4. **Widernatürliche Unzucht**

Die Homosexualität ist im belgischen Strafgesetzbuch nicht als selbständiger Straftatbestand aufgeführt. Handlungen widernatürlicher Unzucht, die zwischen Volljährigen begangen werden, und selbst diejenigen, die zwischen einem Volljährigen und einem Minderjährigen über 16 Jahren begangen werden, fallen grundsätzlich in das Gebiet des reinen Privatlebens.

Nur Handlungen widernatürlicher Unzucht, die zwischen einem Volljährigen und einem Minderjährigen unter 16 Jahren stattfinden, stellen unzüchtige Handlungen dar, die nach Artikel 372 Absatz 1 bStGB bestraft werden. Allerdings wird nach dieser Bestimmung nur der Volljährige bestraft. Der Minderjährige bleibt straffrei; jedoch kann der Jugendrichter Erziehungs-, Aufsichts- und Schutzmaßnahmen anordnen.

Dies gilt selbstverständlich auch für den Fall, daß die Handlungen widernatürlicher Unzucht zwischen Minderjährigen begangen werden, die das 16. Lebensjahr noch nicht vollendet haben.

5. **Diebstahl (Artikel 461 bis 467 und 488 bStGB)**

In Artikel 1 Nr. 6 des belgischen Auslieferungsgesetzes vom 15. März 1874 wird als auslieferungsfähiges Delikt der Diebstahl erwähnt. Vom

Standpunkt des deutschen Strafrechts aus ist die Bezeichnung „Diebstahl" zu eng. Tatsächlich muß der Begriff des Diebstahls unter Berücksichtigung der Artikel 461 bis 467 und 488 bStGB weiter ausgelegt werden.

Danach fallen unter den Begriff des Diebstahls zunächst der ohne Gewaltanwendung oder Drohungen begangene Diebstahl in allen seinen Erscheinungsformen (§§ 242 bis 245, 247, 248 a dtStGB), der in der belgischen Rechtssprache als „einfacher Diebstahl" bezeichnet wird. Zum „Diebstahl" nach belgischem Recht gehört aber auch der mit Gewalt oder Drohungen begangene Diebstahl, also nach deutschem Recht der Raub (§§ 249 bis 252 dtStGB), der im belgischen Sprachgebrauch „schwerer Diebstahl" genannt wird. Ferner fällt unter den belgischen Begriff „Diebstahl" die in Artikel 470 bStGB unter Strafe gestellte Erpressung. Demnach umfaßt der Begriff des Diebstahls nach belgischem Recht alle Tatbestände, die im deutschen Strafrecht als „Diebstahl", „Raub" und „Erpressung" bezeichnet werden.

6. **Betrug**

Das belgische Strafgesetzbuch behandelt in Teil IX Kapitel II den „Betrug" (fraude). Dieser Betrugsbegriff deckt sich in keiner Weise mit dem Begriff des Betruges nach § 263 dtStGB, sondern umfaßt den Bankrott, den Vertrauensmißbrauch, wozu die Urkundenunterdrückung und der Wucher gehören, den Betrug im engeren Sinne, die Münzänderung, die Lebensmittelfälschung, die Hehlerei, den Verstrickungsbruch und die Fundunterschlagung. Aber auch die Tatbestandsmerkmale des Betruges im engeren Sinn: escroquerie und tromperie (Artikel 496 und 497 bStGB) stimmen nicht völlig mit den Tatbestandsmerkmalen des Betruges nach § 263 dtStGB überein.

Die allgemeinen Wendungen des § 263 dtStGB beziehen sich nicht nur auf die Führung falscher Namen, die Beilegung falscher Eigenschaften oder die Anwendung betrügerischer Machenschaften, wie sie der Betrug nach Artikel 496 bStGB voraussetzt, sondern auch auf schädigende Handlungen, die mit Hilfe einfacher lügnerischer Behauptungen oder arglistigen Verschweigens begangen werden. Diese Handlungen sind in Belgien nicht strafbar.

Betrügerische Machenschaften sind zusätzliche Handlungen oder Umstände, durch die der Betrogene in seinem Irrtum bestärkt wird.

Es darf aber nicht außer acht gelassen werden, daß die Zechprellerei (Artikel 508 a bStGB), der Wechselbetrug (Artikel 509 bStGB) und der Scheckbetrug (Artikel 509 a bStGB) als Straftaten sui generis unter Strafe gestellt sind.

Das Belgische Strafgesetzbuch

vom 8. Juni 1867
nach dem Stande vom 1. Januar 1957

ERSTES BUCH
Von den strafbaren Handlungen und der Bestrafung im allgemeinen

KAPITEL I
Von den strafbaren Handlungen

Artikel 1

Die strafbare Handlung, die die Gesetze mit einer Verbrechensstrafe bedrohen, ist ein Verbrechen.

Die strafbare Handlung, die die Gesetze mit einer Besserungsstrafe bedrohen, ist ein Vergehen.

Die strafbare Handlung, die die Gesetze mit einer Polizeistrafe bedrohen, ist eine Übertretung.

Artikel 2

Keine strafbare Handlung kann mit einer Strafe bestraft werden, die vor Begehung der strafbaren Handlung nicht im Gesetz angedroht war.

Weicht die im Zeitpunkt des Urteils maßgebende Strafe von derjenigen ab, die zur Zeit der Tat angedroht war, so wird auf die weniger schwere Strafe erkannt.

Artikel 3

Die von Belgiern oder Ausländern in dem Gebiet des Königreichs begangene strafbare Handlung wird nach den Bestimmungen der belgischen Gesetze bestraft.

Artikel 4

Die von Belgiern oder Ausländern außerhalb des Gebiets des Königreichs begangene strafbare Handlung wird in Belgien nur in den durch das Gesetz bestimmten Fällen bestraft.

Artikel 5

(Aufgehoben durch Artikel 2 des Gesetzes vom 28. Juli 1934)

Artikel 6

Die Gerichte haben in allen Angelegenheiten, die in dem vorliegenden Gesetzbuch nicht geregelt sind, die besonderen Gesetze und Verordnungen weiter anzuwenden.

Erstes Buch

KAPITEL II

Von den Strafen

Abschnitt I

Von den verschiedenen Arten der Strafe

Artikel 7

Die auf die strafbaren Handlungen anwendbaren Strafen sind
in Verbrechenssachen:

1. der Tod,
2. die Zwangsarbeit,
3. die Festungshaft,
4. die Zuchthausstrafe[1]);

in Besserungs- und Polizeisachen:
die Gefängnisstrafe;

in Verbrechens- und Besserungssachen:

1. die Aberkennung gewisser öffentlicher und bürgerlicher Rechte,
2. *die Stellung unter besondere Polizeiaufsicht;*

in Verbrechens-, Besserungs- und Polizeisachen:

1. die Geldstrafe,
2. die besondere Einziehung.

Abschnitt II

Von den Verbrechensstrafen

Artikel 8

Jeder zum Tode Verurteilte wird enthauptet.

Er wird jedoch erschossen, wenn er ein Verbrechen nach Teil I Kapitel II des zweiten Buchs dieses Gesetzbuchs begangen hat oder wenn er in Kriegszeiten durch die Militärjustiz verurteilt worden ist. (Rechtsverordnung vom 14. September 1918, Artikel 5)

Artikel 9

Die Hinrichtung findet öffentlich in der im Urteil angegebenen Gemeinde statt.

---

[1]) Die Übersetzung des Wortes „réclusion“ mit „Zuchthaus“ ist an sich nicht korrekt. Tatsächlich entsprechen alle drei unter Nr. 2 bis 4 aufgeführten Strafen der deutschen Zuchthausstrafe. Die richtige Übersetzung des Wortes „réclusion“ müßte „Einschließung“ lauten. Von der Verwendung dieses Ausdruckes ist jedoch mit Rücksicht auf die durch das 3. Strafrechtsänderungsgesetz vom 4. 8. 1953 (BGBl. I S. 735) in das deutsche Strafrecht eingeführte Strafart der Einschließung abgesehen worden, um Mißverständnisse zu vermeiden. Aus dem gleichen Grund ist auch die Strafart „détention“ nicht mit „Einschließung“ übersetzt worden. Da die Strafe der „détention“ nach Artikel 17 in erster Linie in Festungen verbüßt werden soll, ist sie in der Übersetzung mit „Festungshaft“ bezeichnet worden. Diese „Festungshaft“ ist aber im Gegensatz zu der vor 1953 im deutschen Strafgesetzbuch als Strafart verzeichnet gewesenen Festungshaft eine entehrende Strafe (Artikel 19, 21). Sie wird in bestimmten politischen Strafsachen (Artikel 104, 109, 114, 115, 118, 120 e, 123, 124, 126 bis 128, 133 und 235) und in Strafsachen wegen Aufforderung zum Ungehorsam gegen Gesetze und behördliche Anordnungen durch Beamte (Artikel 255) verhängt.

Im Strafvollzug gibt es jetzt keine wesentlichen Unterschiede zwischen Zwangsarbeit, Festungshaft und Zuchthaus.

Im Gegensatz zu der in Artikel 7 aufgeführten Reihenfolge steht die Festungshaft nach der Schwere der Strafart an letzter Stelle der Zuchthausstrafen (Artikel 63).

Der Verurteilte wird, begleitet von einem Geistlichen der Glaubensgemeinschaft, deren Beistand er gefordert oder zugelassen hat, in einem Zellenwagen an die Hinrichtungsstätte gebracht.

Dort wird er am Fuße des Schafotts aus dem Wagen geholt und sofort hingerichtet.

Artikel 10

Der Leichnam des Hingerichteten wird auf Verlangen seiner Familie überlassen mit der Auflage, ihn ohne jede Feierlichkeit beerdigen zu lassen.

Ein Todesurteil darf weder an nationalen oder religiösen Feiertagen noch an Sonntagen vollstreckt werden.

Artikel 11

Steht fest, daß eine zum Tode verurteilte Frau schwanger ist, so darf sie erst nach der Entbindung hingerichtet werden.

Artikel 12

Die Zwangsarbeit ist von lebenslänglicher oder zeitiger Dauer.

Die Verurteilung zu einer zeitigen Zwangsarbeit wird für einen Zeitraum von zehn Jahren bis zu fünfzehn Jahren oder von fünfzehn Jahren bis zu zwanzig Jahren ausgesprochen.

Artikel 13

Die Zuchthausstrafe dauert von fünf Jahren bis zu zehn Jahren.

Artikel 14

Die zu Zwangsarbeit Verurteilten verbüßen ihre Strafe in Zwangsarbeitshäusern.

Die zu Zuchthaus Verurteilten verbüßen ihre Strafe in Zuchthäusern.

Artikel 15

Jeder Verurteilte führt die ihm aufgetragene Arbeit aus.

Ein Teil des Ertrages dieser Arbeit bildet einen Reservefonds, der ihm bei seiner Entlassung oder in festgesetzten Zeitabschnitten nach seiner Entlassung übergeben wird.

Dieser Teil darf bei den zu Zuchthaus Verurteilten vier Zehntel, bei den zu Zwangsarbeit Verurteilten drei Zehntel nicht übersteigen. Der Überschuß gehört dem Staat.

Die Regierung kann während der Strafverbüßung über die Hälfte des Reservefonds zugunsten des Verurteilten oder auch zugunsten seiner Familie im Falle ihrer Bedürftigkeit verfügen.

Artikel 16

Die Festungshaft ist von lebenslänglicher oder zeitiger Dauer.

Die zeitige Festungshaft ist eine gewöhnliche oder eine außergewöhnliche.

Die gewöhnliche Festungshaft wird für einen Zeitraum von fünf Jahren bis zu zehn Jahren oder von zehn Jahren bis zu fünfzehn Jahren ausgesprochen.

Die außergewöhnliche Festungshaft wird für mindestens fünfzehn Jahre und höchstens zwanzig Jahre ausgesprochen.

Artikel 17

Die zu Festungshaft Verurteilten werden in einer der Festungen des Königreichs oder in einem durch königliche Anordnung bestimmten Zucht- oder Besserungshaus verwahrt.

Artikel 18

Das Urteil, das auf Todesstrafe, lebenslängliche Zwangsarbeit oder lebenslängliche Festungshaft lautet, wird in einem gedruckten Auszug in der Gemeinde, in der das Verbrechen begangen worden ist, und in der Gemeinde, in der das Urteil ergangen ist, durch Anschlag öffentlich bekanntgemacht. Ein Todesurteil wird außerdem in der Gemeinde, in der die Vollstreckung stattfindet, durch Anschlag öffentlich bekanntgemacht.

Artikel 19

Jedes Urteil, das auf Todesstrafe, Zwangsarbeit, lebenslängliche oder außergewöhnliche Festungshaft oder auf Zuchthaus lautet, erklärt den Verurteilten der Titel, des Dienstranges, der öffentlichen Beamten- und Angestellteneigenschaften sowie der öffentlichen Ämter, die er erhalten hat, für verlustig.

Das Schwurgericht kann diesen Rechtsverlust auch gegen denjenigen aussprechen, der zu gewöhnlicher Festungshaft verurteilt wird.

Artikel 20

Jedes Todesurteil hat die gesetzliche Entmündigung des Verurteilten zur Folge.

Artikel 21

Für die Dauer des Strafvollzugs sind gesetzlich entmündigt:

1. die in einem Anwesenheitsverfahren zu Zwangsarbeit, Zuchthaus, zu lebenslänglicher oder außergewöhnlicher Festungshaft Verurteilten;
2. die in einem Anwesenheitsverfahren zu gewöhnlicher Festungshaft Verurteilten bei Rückfall oder Zusammentreffen mehrerer Verbrechen.

Artikel 22

Die gesetzliche Entmündigung nimmt dem Verurteilten die Fähigkeit, sein Vermögen zu verwalten und darüber zu verfügen, es sei denn durch Testament oder durch Ehevertrag. **(Gesetz vom 11. Januar 1954, Artikel 2)**

Die Entmündigung tritt mit dem Tage ein, an dem die Verurteilung rechtskräftig wird.

Artikel 23

Dem Verurteilten, der gesetzlich entmündigt ist, wird ein Pfleger zur Verwaltung seines Vermögens bestellt. Diese Bestellung und diese Vermögensverwaltung unterliegen den Bestimmungen des Bürgerlichen Gesetzbuchs betreffend die Vormundschaft über Entmündigte.

Der Verwaltungsausschuß des Gefängnisses beauftragt einen aus seinen Mitgliedern gewählten vorläufigen Verwalter, für das Vermögen des Verurteilten bis zur Bestellung des Pflegers zu sorgen. **(Gesetz vom 12. Juli 1931, einziger Artikel)**

Artikel 506 des Bürgerlichen Gesetzbuchs findet auf die gesetzliche Entmündigung keine Anwendung. **(Gesetz vom 11. Januar 1954, Artikel 3)**

Artikel 24

Während der Dauer der gesetzlichen Entmündigung darf dem Verurteilten kein Geldbetrag, Vorschuß oder Anteil aus seinen Einkünften ausgehändigt werden.

Abschnitt III

Von der Besserungs-Gefängnisstrafe

Artikel 25

Die Besserungs-Gefängnisstrafe dauert, außer in den durch das Gesetz ausgenommenen Fällen, mindestens acht Tage und höchstens fünf Jahre.

Die Gefängnisstrafe von einem Tag dauert vierundzwanzig Stunden.

Die Gefängnisstrafe von einem Monat dauert dreißig Tage.

Artikel 26

Die zu einer Besserungs-Gefängnisstrafe Verurteilten verbüßen ihre Strafe in Besserungshäusern.

Sie werden zu einer der in dem Besserungshaus vorgesehenen oder genehmigten Arbeiten herangezogen, sofern sie nicht in Ausnahmefällen durch die Regierung davon befreit werden.

Artikel 27

Ein Teil des Arbeitsertrages des zu einer Besserungs-Gefängnisstrafe Verurteilten wird teilweise dazu verwendet, ihm einige Erleichterungen zu verschaffen, falls er es verdient, und teilweise dazu, einen Reservefonds zu bilden, der zur Aushändigung an ihn bei seiner Entlassung oder in festgesetzten Zeitabschnitten nach seiner Entlassung bestimmt ist. Dieser Teil des Arbeitsertrages darf fünf Zehntel nicht übersteigen. Der Überschuß gehört dem Staat.

Die Regierung kann über die Hälfte des Reservefonds zugunsten der Familie des Verurteilten im Falle ihrer Bedürftigkeit verfügen.

Abschnitt IV

Von der Polizei-Gefängnisstrafe

Artikel 28

Die Gefängnisstrafe wegen Übertretung darf, außer in den durch das Gesetz ausgenommenen Fällen, nicht weniger als einen Tag und nicht mehr als sieben Tage betragen.

Artikel 29

Die wegen Übertretung zu einer Gefängnisstrafe Verurteilten verbüßen ihre Strafe in den von der Regierung bestimmten Gefängnissen.

Sie dürfen zu keiner Arbeit gezwungen werden.

Gemeinsame Bestimmung für die Abschnitte II, III und IV

Artikel 30

Jede Haft, die vor Eintritt der Rechtskraft des Urteils wegen der ihm zugrunde liegenden Straftat verbüßt worden ist, wird auf die Zeit der verhängten Freiheitsstrafe angerechnet.

Erstes Buch

Abschnitt V

Von den den Verbrechen und Vergehen gemeinsamen Strafen

Artikel 31

Jedes verurteilende Erkenntnis, das auf Todestrafe oder Zwangsarbeit lautet, erklärt den Verurteilten folgender Rechte auf Lebenszeit für verlustig:

1. eine öffentliche Beamten- oder Angestelltentätigkeit zu verrichten oder öffentliche Ämter zu versehen;
2. gewählt zu werden;
3. eine Auszeichnung zu tragen, einen Adelstitel zu führen;
4. Geschworener, Sachverständiger, Urkundszeuge zu sein oder Bescheinigungen zu amtlichen Zwecken auszustellen; vor Gericht auszusagen, soweit es sich nicht um eine einfache Auskunft handelt;
5. Mitglied eines Familienrates zu sein; als Vormund, Nebenvormund oder Pfleger bestellt zu werden, es sei denn, daß das Mündel sein eigenes Kind ist, und nur nach übereinstimmender Ansicht des Familienrates; wie auch die Aufgaben eines juristischen Beistands oder vorläufigen Vermögenspflegers wahrzunehmen;
6. Waffendienst zu leisten, Mitglied der Bürgerwehr zu sein oder in der Armee zu dienen.

Artikel 32

Die Schwurgerichte können den zu Zuchthaus oder Festungshaft Verurteilten die Ausübung der in dem vorhergehenden Artikel aufgeführten Rechte ganz oder teilweise auf Lebenszeit oder für zehn Jahre bis zu zwanzig Jahren untersagen.

Artikel 33

Die Gerichte können in den vom Gesetz vorgesehenen Fällen den zu Besserungsstrafen Verurteilten die Ausübung der in Artikel 31 aufgezählten Rechte für die Dauer von fünf Jahren bis zu zehn Jahren ganz oder teilweise untersagen.

Artikel 34

Die in dem Urteil oder verurteilenden Erkenntnis festgesetzte Dauer des Rechtsverlustes beginnt mit dem Tag, an dem der Verurteilte seine Strafe verbüßt hat oder seine Strafe verjährt ist.

Der Rechtsverlust wird außerdem an dem Tage wirksam, an dem das in Anwesenheit oder in Abwesenheit ergangene Urteil rechtskräftig wird.

Artikel 35 bis 37

(Aufgehoben durch Artikel 31 des Gesetzes vom 9. April 1930 über die soziale Verteidigung im Hinblick auf Anomale und Gewohnheitsverbrecher)

Abschnitt VI

Von den den drei Strafarten gemeinsamen Strafen

Artikel 38

Die Geldstrafe wegen Übertretung beträgt, außer in den durch das Gesetz ausgenommenen Fällen, mindestens einen Frank und höchstens fünfundzwanzig Franken.

Die Geldstrafe für Verbrechen oder Vergehen beträgt mindestens sechsundzwanzig Franken.

Die Geldstrafen werden zugunsten des Staates eingezogen[1]).

Artikel 39

Die Geldstrafe wird gegen jeden der wegen derselben Straftat Verurteilten individuell verhängt.

Artikel 40

Wird die Geldstrafe nicht innerhalb einer Frist von zwei Monaten nach dem Tage der Verkündung eines erstinstanzlichen Urteils oder eines Berufungsurteils, wenn in Anwesenheit erkannt worden ist, oder nach dessen Zustellung, wenn in Abwesenheit erkannt worden ist, gezahlt, so kann sie durch eine Gefängnisstrafe ersetzt werden, deren Dauer durch das auf Strafe lautende erstinstanzliche Urteil oder Berufungsurteil festgesetzt wird; diese Strafe darf bei wegen Verbrechen Verurteilten sechs Monate, bei wegen Vergehen Verurteilten drei Monate und bei wegen Übertretung Verurteilten drei Tage nicht übersteigen.

Die der Ersatzstrafe unterworfenen Personen können in dem Haus, in dem sie die Hauptstrafe verbüßt haben, in Haft gehalten werden.

Ist nur eine Geldstrafe verhängt worden, so wird die wegen Nichtzahlung zu verbüßende Ersatzstrafe je nach dem Charakter der Verurteilung der Besserungs-Gefängnisstrafe oder der Polizei-Gefängnisstrafe angeglichen.

Artikel 41

In allen diesen Fällen kann sich der Verurteilte durch Zahlung der Geldstrafe von der Ersatzstrafe befreien; er kann sich jedoch nicht den gegen sein Vermögen gerichteten Vollstreckungsmaßnahmen dadurch entziehen, daß er sich erbietet, die Ersatzstrafe zu verbüßen.

Artikel 42

Der besonderen Einziehung[2]) unterliegen:

1. die Sachen, die Gegenstand der Straftat waren, und diejenigen, die zu ihrer Begehung gedient haben oder dazu bestimmt waren, sofern sie dem Verurteilten gehören;
2. die durch die Straftat erlangten Sachen.

Artikel 43

Die besondere Einziehung wird bei Verbrechen oder Vergehen immer angeordnet.

Sie wird bei Übertretungen nur in den durch das Gesetz bestimmten Fällen angeordnet.

---

[1]) Die Geldstrafen sind durch das Gesetz vom 5. März 1952, betreffend die zusätzlichen Zehntel zu den Geldstrafen, erhöht worden (Moniteur vom 3. 4. 1952).

[2]) Die besondere Einziehung ist teils eine wirkliche Strafe, teils eine Sicherheitsmaßnahme, die im Interesse der öffentlichen Sicherheit getroffen wird. Wenn sie Strafcharakter hat, wird sie von den allgemeinen, auf die sonstigen Strafen anwendbaren Bestimmungen erfaßt. Sie kann aber nur zusätzlich zu einer Hauptstrafe angeordnet werden.

Wird die besondere Einziehung als Sicherheitsmaßnahme angeordnet, um gefährliche oder schädliche Gegenstände aus dem Verkehr zu ziehen, ist sie unabhängig von einer Verurteilung des Angeklagten.

In bestimmten Spezialgesetzen hat die besondere Einziehung den Charakter einer zivilrechtlichen Schadensersatzleistung.

KAPITEL III

Von anderen Verurteilungen, die wegen Verbrechen, Vergehen oder Übertretungen ausgesprochen werden können

Artikel 44

Die Verurteilung zu den durch das Gesetz bestimmten Strafen erfolgt stets ohne Rücksicht auf Wiederherstellung und Schadensersatz, die möglicherweise den Parteien geschuldet werden.

Artikel 45

Ist die Höhe des Schadensersatzes nicht gesetzlich geregelt, so setzt das Gericht dessen Betrag fest; jedoch kann seine Verwendung zu irgendeinem Zweck auch bei Zustimmung der geschädigten Partei nicht angeordnet werden.

Artikel 46

(Aufgehoben durch Gesetz vom 27. Juli 1871 über die Schuldhaft)

Artikel 47

Was die Verurteilung zu den dem Staat zuerkannten Kosten betrifft, wird die Dauer der Schuldhaft durch das erstinstanzliche Urteil oder Berufungsurteil bestimmt; sie darf nicht weniger als acht Tage und nicht mehr als sechs Monate betragen.

Jedoch werden die Verurteilten, die ihre Zahlungsunfähigkeit in der in der Strafprozeßordnung vorgeschriebenen Weise begründen, nach Verbüßung von sieben Tagen Schuldhaft freigelassen.

Artikel 48

Die Schuldhaft wird bei Verurteilten, die ihr siebzigstes Lebensjahr erreicht haben, nicht angewendet oder aufrechterhalten.

(Siehe Artikel 6 des Gesetzes vom 27. Juli 1871)

Artikel 49

Reicht das Vermögen des Verurteilten nicht aus, um die Verurteilung zu Geldstrafe, Wiederherstellung und Schadensersatz zu decken, so haben die beiden letzteren den Vorrang.

Trifft die Geldstrafe mit den dem Staat geschuldeten Gerichtskosten zusammen, so werden die von dem Verurteilten geleisteten Zahlungen zuerst auf diese Kosten angerechnet.

Artikel 50

Alle wegen derselben strafbaren Handlung verurteilten Personen sind gesamtschuldnerisch für die Wiederherstellung und den Schadensersatz haftbar.

Sie haften gesamtschuldnerisch für die Kosten, wenn sie durch dasselbe erstinstanzliche Urteil oder Berufungsurteil verurteilt worden sind.

Jedoch kann der Richter alle oder einzelne Verurteilte unter Angabe der Gründe von der gesamtschuldnerischen Haftung befreien, wobei er den von jedem einzelnen von ihnen zu tragenden Anteil bestimmt.

Die durch verschiedene erstinstanzliche Urteile oder Berufungsurteile Verurteilten haften gesamtschuldnerisch nur für die Kosten, die durch gegen sie gemeinsam getroffene Verfolgungsmaßnahmen entstanden sind.

KAPITEL IV

Von dem Versuch eines Verbrechens oder Vergehens

Artikel 51

Strafbarer Versuch liegt vor, wenn der Entschluß, ein Verbrechen oder Vergehen zu begehen, durch äußere Handlungen in Erscheinung getreten ist, die einen Anfang der Ausführung dieses Verbrechens oder Vergehens enthalten und nur infolge von Umständen, die von dem Willen des Täters unabhängig waren, nicht zur Vollendung gelangt sind oder ihre Wirkung verfehlt haben.

Artikel 52

Der Versuch eines Verbrechens wird mit der Strafe bestraft, die gegenüber der für das Verbrechen selbst angedrohten Strafe nach Artikel 80 und 81 die nächstniedrigere ist.

Artikel 53

Das Gesetz bestimmt, in welchen Fällen und mit welchen Strafen der Versuch eines Vergehens bestraft wird.

KAPITEL V

Vom Rückfall

Artikel 54

Wer nach Verurteilung zu einer Verbrechensstrafe ein neues, mit Zuchthaus bedrohtes Verbrechen begeht, kann zu Zwangsarbeit von zehn Jahren bis zu fünfzehn Jahren verurteilt werden.

Ist das Verbrechen mit Zwangsarbeit von zehn Jahren bis zu fünfzehn Jahren bedroht, so kann der Schuldige zu Zwangsarbeit von fünfzehn Jahren bis zu zwanzig Jahren verurteilt werden.

Er wird zu mindestens siebzehn Jahren dieser Strafe verurteilt, wenn das Verbrechen mit Zwangsarbeit von fünfzehn Jahren bis zu zwanzig Jahren bedroht ist.

Artikel 55

Wer nach Verurteilung zu einer Verbrechensstrafe ein neues, mit Festungshaft von fünf Jahren bis zu zehn Jahren bedrohtes Verbrechen begeht, kann zu Festungshaft von zehn Jahren bis zu fünfzehn Jahren verurteilt werden.

Ist das Verbrechen mit Festungshaft von zehn Jahren bis zu fünfzehn Jahren bedroht, so kann der Schuldige zu außergewöhnlicher Festungshaft verurteilt werden.

Er wird zu mindestens siebzehn Jahren Festungshaft verurteilt, wenn das Verbrechen mit außergewöhnlicher Festungshaft bedroht ist.

Artikel 56

Wer nach Verurteilung zu einer Verbrechensstrafe ein Vergehen begeht, kann mit der doppelten, für das Vergehen angedrohten Höchststrafe bestraft werden.

Die gleiche Strafe kann verhängt werden, wenn die frühere Verurteilung auf mindestens ein Jahr Gefängnis lautet und der Verurteilte das neue Vergehen vor Ablauf von fünf Jahren nach Verbüßung oder Verjährung seiner Strafe begeht.

(Absatz 3 aufgehoben durch Artikel 31 des Gesetzes vom 9. April 1930 über die soziale Verteidigung)

Artikel 57

Die für den Rückfall erlassenen Vorschriften werden nach Maßgabe der vorhergehenden Artikel auch angewendet, wenn früher von einem Militärgericht wegen einer Tat, die nach den allgemeinen Strafgesetzen ein Verbrechen oder Vergehen ist, eine Verurteilung zu einer der in diesen Gesetzen vorgesehenen Strafen erfolgt ist.

Ist wegen dieser Tat eine in den Militärgesetzen angedrohte Strafe verhängt worden, so berücksichtigen die Gerichte bei Würdigung des Rückfalls nur die Mindeststrafe, mit der die durch das erste Urteil bestrafte Tat nach den allgemeinen Strafgesetzen bedroht ist.

KAPITEL VI

Von dem Zusammentreffen mehrerer strafbarer Handlungen

Artikel 58

Wer der Begehung mehrerer Übertretungen überführt wird, verwirkt eine Strafe für jede dieser Übertretungen.

Artikel 59

Treffen ein oder mehrere Vergehen mit einer oder mehreren Übertretungen zusammen, so werden alle Geldstrafen wie auch alle Besserungs-Gefängnisstrafen in den im folgenden Artikel festgelegten Grenzen zusammengezählt.

Artikel 60

Im Falle des Zusammentreffens mehrerer Vergehen werden die Strafen zusammengezählt; sie dürfen jedoch das Doppelte des Höchstmaßes der schwersten Strafe nicht übersteigen.

Artikel 61

Trifft ein Verbrechen mit einem oder mehreren Vergehen oder mit einer oder mehreren Übertretungen zusammen, so wird nur die wegen des Verbrechens verwirkte Strafe verhängt.

Artikel 62

Treffen mehrere Verbrechen zusammen, so wird nur die schwerste Strafe verhängt. Diese Strafe kann aber um fünf Jahre über die Höchststrafe hinaus erhöht werden, wenn sie in Zwangsarbeit, zeitiger Festungshaft oder Zuchthaus besteht.

Artikel 63

Die schwerste Strafe ist diejenige, deren Dauer die längste ist.

Sind Strafen von gleicher Dauer angedroht, so gelten Zwangsarbeit und Zuchthaus gegenüber der Festungshaft als schwerere Strafen.

Artikel 64

Die wegen mehrerer Verbrechen, Vergehen oder Übertretungen verhängten Strafen der besonderen Einziehung werden stets zusammengezählt.

Artikel 65

Erfüllt dieselbe Tat den Tatbestand mehrerer strafbarer Handlungen, so wird nur die schwerste Strafe verhängt.

KAPITEL VII

Von der Teilnahme mehrerer Personen an demselben Verbrechen oder Vergehen

Artikel 66

Als Täter eines Verbrechens oder Vergehens wird bestraft,

wer ein Verbrechen oder Vergehen begeht oder unmittelbar an seiner Begehung mitwirkt;

wer durch irgendeine Handlung bei der Begehung derart Hilfe leistet, daß ohne seine Hilfe das Verbrechen oder Vergehen nicht hätte begangen werden können;

wer durch Geschenke, Versprechungen, Drohungen, Mißbrauch der Autorität oder der Macht, Machenschaften oder List zu diesem Verbrechen oder Vergehen unmittelbar anstiftet;

wer durch Reden in öffentlichen Versammlungen oder an der Öffentlichkeit zugänglichen Orten oder durch Schriftstücke, Drucksachen, Zeichnungen oder Sinnbilder, die angeschlagen, verkauft oder verbreitet, zum Verkauf ausgestellt oder den Blicken der Öffentlichkeit ausgesetzt werden, zur Begehung einer strafbaren Handlung unmittelbar auffordert, ohne Rücksicht auf die im Gesetz für diejenigen angedrohten Strafen, die zu Verbrechen oder Vergehen auffordern, und zwar auch in den Fällen, in denen diese Aufforderung erfolglos geblieben ist. (Gesetz vom 25. März 1891, Artikel 2, geändert durch Gesetz vom 28. Juli 1934, Artikel 2)

Artikel 67

Als Gehilfe an einem Verbrechen oder Vergehen wird bestraft,

wer Anleitungen zu seiner Begehung gibt;

wer Waffen, Werkzeuge oder irgendein anderes Mittel beschafft, das zur Begehung des Verbrechens oder Vergehens dient, obwohl er weiß, daß sie hierzu dienen sollen;

wer außerhalb des in Artikel 66 Absatz 3 aufgeführten Falles in Kenntnis des Sachverhalts dem Täter oder den Tätern von Verbrechen oder Vergehen bei den Handlungen, die ihre Begehung vorbereiten oder erleichtern oder zu ihrer Vollendung führen, hilft oder beisteht.

Artikel 68

Wer in Kenntnis des verbrecherischen Verhaltens von Straffälligen, die Straßenraub oder Gewalttätigkeiten gegen die Sicherheit des Staates, die öffentliche Ordnung, die Person oder das Eigentum begehen, ihnen gewohnheitsmäßig Wohnung, Zuflucht oder Versammlungsstätte gewährt, wird als ihr Gehilfe bestraft.

Artikel 69

Der Gehilfe an einem Verbrechen wird mit der Strafe bestraft, die gegenüber der Strafe, die er als Täter verwirkt hätte, nach Artikel 80 und 81 dieses Gesetzbuchs die nächstniedrigere ist.

Die gegen den Gehilfen an einem Vergehen ausgesprochene Strafe darf zwei Drittel der Strafe nicht übersteigen, die auf ihn anwendbar sein würde, wenn er der Täter des Vergehens wäre.

KAPITEL VIII

Über die Rechtfertigungs- und Entschuldigungsgründe

Artikel 70

Eine strafbare Handlung liegt nicht vor, wenn sie durch das Gesetz vorgeschrieben und durch die Behörde angeordnet worden ist.

Artikel 71

Eine strafbare Handlung liegt nicht vor, wenn der Angeklagte oder Beschuldigte sich zur Tatzeit in einem Zustand der Unzurechnungsfähigkeit befunden hat oder wenn er durch unwiderstehliche Gewalt genötigt worden ist.

Artikel 72 bis 76

(Aufgehoben durch Artikel 31 des Gesetzes vom 9. April 1930 über die soziale Verteidigung)

Artikel 77

Die Todesstrafe wird nicht gegen Personen verhängt, die zur Zeit des Verbrechens unter achtzehn Jahre alt waren.

Sie wird durch lebenslängliche Zwangsarbeit ersetzt.

Artikel 78

Ein Verbrechen oder Vergehen ist nur in den durch das Gesetz bestimmten Fällen entschuldbar.

KAPITEL IX

Von den mildernden Umständen

Artikel 79

Liegen mildernde Umstände vor, so werden die Verbrechensstrafen entsprechend den nachfolgenden Bestimmungen herabgesetzt oder geändert.

Artikel 80

Die Todesstrafe wird durch lebenslängliche oder zeitige Zwangsarbeit, Zuchthaus oder Gefängnis von mindestens drei Jahren ersetzt,

die Strafe der lebenslänglichen Zwangsarbeit durch zeitige Zwangsarbeit, Zuchthaus oder Gefängnis von mindestens drei Jahren,

die Strafe der Zwangsarbeit von fünfzehn Jahren bis zu zwanzig Jahren durch Zwangsarbeit von zehn Jahren bis zu fünfzehn Jahren, Zuchthaus oder Gefängnis von mindestens zwei Jahren; **(Gesetz vom 23. August 1919, Artikel 2)**

die Strafe der Zwangsarbeit von zehn Jahren bis zu fünfzehn Jahren durch Zuchthaus oder Gefängnis von mindestens sechs Monaten; **(Gesetz vom 14. Mai 1937, Artikel 4)**

die Zuchthausstrafe durch Gefängnis von mindestens einem Monat. **(Gesetz vom 23. August 1919, Artikel 2)**

Artikel 81

Die wegen eines Verbrechens gegen die äußere Sicherheit des Staates verwirkte Todesstrafe wird durch lebenslängliche oder zeitige Festungshaft oder durch Gefängnis von mindestens einem Jahr ersetzt,

die Strafe der lebenslänglichen Festungshaft durch zeitige Festungshaft oder durch Gefängnis von mindestens einem Jahr,

die Strafe der außergewöhnlichen Festungshaft durch gewöhnliche Festungshaft oder durch Gefängnis von mindestens einem Jahr;
(Gesetz vom 23. August 1919, Artikel 2)

die Strafe der Festungshaft von zehn Jahren bis zu fünfzehn Jahren durch Festungshaft von fünf Jahren bis zu zehn Jahren oder durch Gefängnis von mindestens sechs Monaten; (Gesetz vom 14. Mai 1937, Artikel 4)

die Strafe der Festungshaft von fünf Jahren bis zu zehn Jahren durch Gefängnis von mindestens einem Monat. (Gesetz vom 23. August 1919, Artikel 2)

Artikel 82

In den in Artikel 61 und 62 des Strafgesetzbuchs aufgeführten Fällen des Zusammentreffens strafbarer Handlungen kann das erkennende Gericht, wenn auf Grund mildernder Umstände die Verbrechensstrafen auf das Strafmaß der Besserungsstrafen herabgesetzt werden, jedoch nur eine einzige Strafe verhängen. (Gesetz vom 23. August 1919, Artikel 2)

Artikel 83

In Verbrechenssachen kann die Geldstrafe herabgesetzt werden, in keinem Fall aber unter sechsundzwanzig Franken.

Artikel 84

Der Schuldige, dessen Verbrechensstrafe in Gefängnis umgewandelt worden ist, kann zu einer Geldstrafe von sechsundzwanzig Franken bis zu tausend Franken verurteilt werden.

Er kann zum Verlust aller oder eines Teiles der in Artikel 31 dieses Gesetzbuchs erwähnten Rechte für mindestens fünf Jahre und höchstens zehn Jahre verurteilt werden.

Außerdem kann er durch das Erkenntnis für die gleiche Anzahl von Jahren unter besondere Polizeiaufsicht gestellt werden.

Artikel 85

Liegen mildernde Umstände vor, so können Gefängnis- und Geldstrafen auf weniger als acht Tage und weniger als sechsundzwanzig Franken herabgesetzt werden, jedoch nicht unter das Maß der Polizeistrafen.

Die Richter können auch die eine oder andere dieser Strafen getrennt verhängen.

Ist nur eine Gefängnisstrafe angedroht, so können die Richter diese durch eine Geldstrafe bis zu fünfhundert Franken ersetzen.

Sind der Verlust der in Artikel 31 aufgeführten Rechte *und die Stellung unter Polizeiaufsicht* angeordnet oder für zulässig erklärt worden, so können die Richter diese Strafen für einen Zeitraum von einem Jahr bis zu fünf Jahren verhängen oder gänzlich von ihnen absehen.

Erstes Buch

KAPITEL X

Von dem Erlöschen der Strafen

Artikel 86

Die durch rechtskräftige erstinstanzliche Urteile oder Berufungsurteile verhängten Strafen erlöschen mit dem Tode des Verurteilten.

Artikel 87

Die von dem Richter ausgesprochene oder durch das Gesetz an bestimmte Verurteilungen geknüpfte Unfähigkeit endet mit einem Erlaß, den der König kraft seines Gnadenrechts ergehen lassen kann.

Artikel 88

(Aufgehoben durch Artikel 31 des Gesetzes vom 9. April 1930 über die soziale Verteidigung)

Artikel 89

Wird eine Strafe in eine andere Strafe umgewandelt, die nach den Bestimmungen des Artikels 21 die gesetzliche Entmündigung zur Folge hat, so ist der Verurteilte für die Dauer des Strafvollzugs gesetzlich entmündigt.

Artikel 90

Die gesetzliche Entmündigung endet, wenn dem Verurteilten Strafnachlaß oder Umwandlung der Strafe in eine andere Strafe, die keine gesetzliche Entmündigung zur Folge hat, gewährt wird.

Artikel 91

Die Verbrechensstrafe verjährt nach Ablauf von zwanzig Jahren, von dem Tage an gerechnet, an dem sie durch das erstinstanzliche Urteil oder Berufungsurteil ausgesprochen worden ist.

Artikel 92

Die Besserungsstrafe verjährt nach Ablauf von fünf Jahren, von dem Tag an gerechnet, an dem das erstinstanzliche Urteil oder Berufungsurteil im letzten Rechtszug ergangen ist, oder an dem das in erster Instanz ergangene Urteil nicht mehr durch die Berufung angefochten werden kann.

Übersteigt die ausgesprochene Strafe drei Jahre, so beträgt die Verjährungsfrist zehn Jahre.

Artikel 93

Die Polizeistrafe verjährt nach Ablauf eines Jahres, von den in dem vorhergehenden Artikel festgesetzten Zeitpunkten an gerechnet.

Artikel 94

Die Strafe der Stellung unter besondere Polizeiaufsicht, die Geldstrafe und die Strafe der besonderen Einziehung verjähren nach Ablauf der in den vorhergehenden Artikeln festgesetzten Fristen, je nachdem, ob sie wegen Verbrechen, Vergehen oder Übertretungen ausgesprochen worden sind.

Artikel 95

Ist der Verurteilte während der Strafverbüßung entwichen, so beginnt die Verjährungsfrist mit dem Tage des Entweichens.

In diesem Falle wird jedoch bei einer zeitigen Verbrechensstrafe die über fünf Jahre hinaus, bei einer Besserungsstrafe die über zwei Jahre hinaus verbüßte Strafzeit auf die Verjährungsfrist angerechnet.

Artikel 96

Die Verjährung der Strafe wird durch die Festnahme des Verurteilten unterbrochen.

Artikel 97 und 98

(Aufgehoben durch Artikel 31 des Gesetzes vom 9. April 1930 über die soziale Verteidigung)

Artikel 99

Eine in Verbrechens-, Besserungs- oder Polizeisachen durch erstinstanzliches Urteil oder Berufungsurteil erfolgte zivilrechtliche Verurteilung verjährt nach den Vorschriften des bürgerlichen Rechts; die Verjährungsfrist beginnt mit dem Tage, an dem das Urteil Rechtskraft erlangt hat.

Ist die Verurteilung jedoch in Abwesenheit erfolgt, so beginnt die Verjährungsfrist mit dem Tage des Urteils.

Allgemeine Bestimmungen

Artikel 100

Mangels entgegenstehender Bestimmungen in den Nebengesetzen und -verordnungen finden die Vorschriften des ersten Buchs dieses Gesetzbuchs auf die in diesen Gesetzen und Verordnungen aufgeführten Straftaten Anwendung, mit Ausnahme des Kapitels VII, *des Artikels 72 Absatz 2 und 3, des Artikels 76 Absatz 2* und des Artikels 85.

Sie finden keine Anwendung, wenn sie die Herabsetzung der Geldstrafen zur Folge hätten, die zur Sicherung der Einziehung staatlicher Gebühren festgesetzt worden sind.

Artikel 100 a

Sie finden ausnahmslos auf diejenigen Personen Anwendung, die zwar nicht dem Militärstrafrecht unterworfen sind, jedoch an einem in dem Militärgesetzbuch unter Strafe gestellten Verbrechen oder Vergehen teilgenommen haben.

Jedoch wird Militärgefängnis durch Gefängnis von gleicher Dauer und die als Hauptstrafe angedrohte Dienstentlassung durch Gefängnis von zwei Monaten bis zu drei Jahren ersetzt.

(Gesetz vom 28. Juli 1934, Artikel 1, II)

ZWEITES BUCH

Von den Straftaten und ihrer Bestrafung im besonderen

TEIL I

Von den Verbrechen und Vergehen gegen die Sicherheit des Staates

KAPITEL I

Von den Anschlägen und Verschwörungen[1]) gegen den König, gegen die Königliche Familie und gegen die Regierungsform

Artikel 101

Der Anschlag gegen das Leben oder gegen die Person des Königs wird mit dem Tode bestraft.

Hat der Anschlag weder die Freiheit des Königs beeinträchtigt, noch bei ihm Blutverlust, Wunden oder Krankheit zur Folge gehabt, so wird der Anschlag gegen seine Person mit lebenslänglicher Zwangsarbeit bestraft.

Artikel 102

Der Anschlag gegen das Leben des Thronfolgers wird mit dem Tode bestraft.

Der Anschlag gegen seine Person wird mit lebenslänglicher Zwangsarbeit bestraft.

Hat der Anschlag weder seine Freiheit beeinträchtigt noch bei ihm Blutverlust, Wunden oder Krankheit zur Folge gehabt, so wird der Anschlag gegen seine Person mit Zwangsarbeit von fünfzehn Jahren bis zu zwanzig Jahren bestraft.

Artikel 103

Der Anschlag gegen das Leben der Königin, der mit dem Königshause in gerader Linie verwandten oder verschwägerten Personen, der Brüder des Königs, wenn diese Belgier sind, gegen das Leben des Regenten oder das Leben der Minister, die in den von der Verfassung aufgeführten Fällen die verfassungsmäßigen Befugnisse des Königs ausüben, wird stets wie die vollendete Tat bestraft.

Der Anschlag gegen ihre Person wird mit Zwangsarbeit von zehn Jahren bis zu fünfzehn Jahren bestraft; er wird mit Zuchthaus bestraft, wenn er weder ihre Freiheit beeinträchtigt noch bei ihnen Blutverlust, Wunden oder Krankheit zur Folge hat.

Artikel 104

Der Anschlag, der den Umsturz oder die Änderung der Regierungsform oder der Thronfolgeordnung, den bewaffneten Aufstand der Bürger oder Einwohner gegen die königliche Gewalt, die gesetzgebenden Kammern oder eine derselben bezweckt, wird mit lebenslänglicher Festungshaft bestraft.

---

1) „Le complot" im belgischen Strafrecht entspricht völlig der „conspiration" im französischen Strafrecht.

Artikel 105

Ein Anschlag liegt vor, sobald ein strafbarer Versuch stattgefunden hat.

Artikel 106

Die Verschwörung gegen das Leben oder gegen die Person des Königs wird, wenn ihr eine zur Vorbereitung der Ausführung dienende Handlung gefolgt ist, mit Zwangsarbeit von fünfzehn Jahren bis zu zwanzig Jahren, andernfalls mit der gleichen Strafe von zehn Jahren bis zu fünfzehn Jahren bestraft.

Artikel 107

Die Verschwörung gegen das Leben oder gegen die Person des Thronfolgers wird, wenn ihr eine zur Vorbereitung der Ausführung dienende Handlung gefolgt ist, mit Zwangsarbeit von zehn Jahren bis zu fünfzehn Jahren, andernfalls mit Zuchthaus bestraft.

Artikel 108

Die Verschwörung gegen das Leben oder gegen die Person der in Artikel 103 aufgeführten Mitglieder der Königlichen Familie, des Regenten oder der die verfassungsmäßigen Befugnisse des Königs ausübenden Minister wird mit Zuchthaus bestraft.

Artikel 109

Die Verschwörung zur Erreichung eines der in Artikel 104 erwähnten Ziele wird, wenn eine der Vorbereitung der Ausführung dienende Handlung begangen ist, mit Festungshaft von zehn Jahren bis zu fünfzehn Jahren, andernfalls mit Festungshaft von fünf Jahren bis zu zehn Jahren bestraft.

Artikel 110

Eine Verschwörung liegt bereits vor, wenn unter mehreren Personen der Beschluß zu handeln gefaßt worden ist.

Artikel 111

Wer den Vorschlag macht, eine Verschwörung gegen das Leben oder gegen die Person des Königs, des Thronfolgers, der in Artikel 103 aufgeführten Mitglieder der Königlichen Familie, des Regenten oder der die verfassungsmäßigen Befugnisse des Königs ausübenden Minister anzuzetteln, wird, wenn diesem Vorschlag nicht zugestimmt wird, mit Gefängnis von einem Jahr bis zu fünf Jahren bestraft.

Der Schuldige wird für mindestens fünf Jahre und höchstens zehn Jahre unter besondere Polizeiaufsicht gestellt; außerdem kann er zum Verlust von Rechten nach Maßgabe des Artikels 33 verurteilt werden.

Artikel 112

Wer für sich allein den Entschluß faßt, einen Anschlag gegen das Leben oder gegen die Person des Königs, des Thronfolgers, der in Artikel 103 aufgeführten Mitglieder der Königlichen Familie, des Regenten oder der die verfassungsmäßigen Befugnisse des Königs ausübenden Minister zu begehen, wird, wenn er eine die Ausführung vorbereitende Handlung begeht, mit Zuchthaus bestraft.

Zweites Buch

KAPITEL II

Von den Verbrechen und Vergehen gegen die äußere Sicherheit des Staates

Artikel 113

Jeder Belgier, der gegen Belgien Waffendienst leistet, wird mit dem Tode bestraft. (Rechtsverordnung vom 11. Oktober 1916)

Für die Anwendung dieser Bestimmung erfüllt die wissentliche Durchführung von Kampf-, Transport-, Arbeits- oder Überwachungsaufgaben für den Feind, wie sie üblicherweise den feindlichen Armeen oder deren Dienststellen zukommen, den Tatbestand der Leistung von Waffendienst gegen Belgien. (Rechtsverordnung vom 17. Dezember 1942, Artikel 1)

Artikel 114

Wer mit einer fremden Macht oder mit einer Person, die im Interesse einer fremden Macht handelt, Machenschaften unternimmt oder Beziehungen unterhält, um diese Macht zum Kriege gegen Belgien zu veranlassen oder um ihr die Mittel hierzu zu verschaffen, wird mit lebenslänglicher Festungshaft bestraft. Sind Feindseligkeiten die Folge, so wird er mit dem Tode bestraft.

(Gesetz vom 4. August 1914, Artikel 1, und Gesetz vom 10. Dezember 1937, Nr. 1)

Artikel 115

§ 1. Mit dem Tode wird bestraft:

wer den Feinden des Staates das Eindringen in das Gebiet des Königreichs erleichtert;

wer ihnen Städte, Festungen, Plätze, Stellungen, Häfen, Warenlager, Arsenale, Schiffe oder Fahrzeuge, die Belgien gehören, ausliefert;

wer ihnen zu ihrer Unterstützung Soldaten, Menschen, Geld, Lebensmittel, Waffen oder Munition liefert;

wer das Vordringen ihrer Waffen auf dem Gebiet des Königreichs oder gegen die belgischen Land- oder Seestreitkräfte dadurch fördert, daß er die Treue der Offiziere, Soldaten, Matrosen oder sonstigen Staatsbürger gegenüber dem König und dem Staat erschüttert.

In den vorstehend aufgeführten Fällen wird der strafbare Versuch dem vollendeten Verbrechen gleichgestellt.

Die Verschwörung, die eins dieser Verbrechen zum Ziel hat, wird, wenn hierauf eine der Vorbereitung der Ausführung dienende Handlung begangen worden ist, mit lebenslänglicher Festungshaft, andernfalls mit Festungshaft von fünf Jahren bis zu zehn Jahren bestraft.

(Rechtsverordnung vom 11. Oktober 1916 und Gesetz vom 10. Dezember 1937, Nr. 2)

§ 2. Die Bestimmung des § 1 Absatz 4 ist auf den, der sich in dem vom Feind besetzten Gebiet aufhält, nur anwendbar, wenn

1. er unmittelbar, durch Vermittlung oder als Vermittler den Feinden des Staates zu ihrer Unterstützung Soldaten, Menschen, Geld, zur Versorgung des Feindes bestimmte Lebensmittel, für den Angriff oder die Verteidigung bestimmtes Kriegsmaterial, Kriegsmunition im eigentlichen Sinne des Wortes, Einzelteile, die zur Herstellung dieses Materials oder dieser Munition bestimmt sind, Bekleidungsstücke und Ausrüstungsgegenstände, von denen er weiß, daß sie dem militärischen

Gebrauch dienen, liefert, oder wenn er für sie ein Arbeitsunternehmen für die Anlage, Einrichtung oder Tarnung von Befestigungen, Flugplätzen oder anderen zu militärischen Zwecken bestimmten Bauten oder Einrichtungen aufbaut oder leitet;

2. er unmittelbar, durch Vermittlung oder als Vermittler ihnen Rohstoffe, Materialien oder Produkte liefert, von denen er weiß, daß sie der Herstellung dieses Materials, dieser Munition oder dieser Gegenstände oder zur Ausführung dieser Arbeiten bestimmt sind, es sei denn, daß er diese Lieferungen ausführt, indem er von allen ihm zur Verfügung stehenden Mitteln Gebrauch macht, um sich der Durchführung der Befehle der Feinde des Staates zu widersetzen;

3. er unmittelbar, durch Vermittlung oder als Vermittler ihnen Rohstoffe oder Fertigwaren, Produkte, Nahrungsmittel oder Vieh liefert, wenn diese Lieferung dringenden Bitten oder Vorsprachen bei ihnen oder bei für ihre Rechnung tätigen Vermittlern folgt oder sie die Gründung, Umwandlung oder Vergrößerung des Unternehmens oder die Änderung der Art oder der Arbeitsmethode des Betriebes notwendig macht, oder wenn die Produktion auf einer ungewöhnlichen Höhe gehalten oder auf eine solche gebracht wird, um ihren Aufträgen zu genügen, oder wenn der Lieferant ihre Hilfe zur Schlichtung sozialer Streitigkeiten in Anspruch nimmt oder wenn er einen Dienst zur Sabotageabwehr aufzieht;

4. er seine Tätigkeit in den Dienst der Feinde stellt, um auf ihre Rechnung die oben unter Nrn. 1, 2 und 3 erwähnten Rohstoffe oder Fertigwaren, Produkte, Nahrungsmittel oder Vieh zu beschaffen.

(Rechtsverordnung vom 25. Mai 1945, Artikel 1, und Gesetz vom 1. Juli 1949, Artikel 1 Nr. 1)

Artikel 116

Wer wissentlich einer feindlichen Macht oder einer im Interesse einer feindlichen Macht handelnden Person Gegenstände, Pläne, Schriftstücke, Urkunden oder Nachrichten, deren Geheimhaltung gegenüber dem Feind im Interesse der Landesverteidigung oder der Staatssicherheit liegt, ganz oder teilweise, im Original oder in Reproduktion liefert oder zur Kenntnis bringt, wird mit dem Tode bestraft.

(Gesetz vom 19. Juli 1934, Artikel 1)

Artikel 117

Die Strafandrohungen in den Artikeln 113, 115 und 116 gelten sowohl in den Fällen, in denen die in diesen Artikeln aufgeführten Verbrechen gegenüber Belgien begangen werden, als auch in denjenigen, in denen sie gegenüber den Verbündeten Belgiens, die gegen den gemeinsamen Feind kämpfen, begangen werden. (Rechtsverordnung vom 11. Oktober 1916)

Für die Anwendung dieser Bestimmung bedeutet „Verbündeter Belgiens“ jeder Staat, der auch unabhängig von einem Bündnisvertrag Krieg gegen einen Staat führt, mit dem sich Belgien selbst im Kriege befindet.

(Rechtsverordnung vom 17. Dezember 1942, Artikel 2)

Artikel 118

Wer wissentlich einer ausländischen Macht oder einer im Interesse einer ausländischen Macht handelnden Person Gegenstände, Pläne, Schriftstücke, Urkunden oder Nachrichten, deren Geheimhaltung im Interesse der Landesverteidigung oder der äußeren Sicherheit des Staates liegt, ganz oder teilweise, im Original oder in Reproduktion liefert oder zur Kenntnis bringt, wird mit Festungshaft von zehn Jahren bis zu fünfzehn Jahren bestraft.

Hatte der Schuldige ein öffentliches Amt oder einen öffentlichen Auftrag oder führte er eine ihm von der Regierung anvertraute Aufgabe oder Arbeit durch, so wird er mit außergewöhnlicher Festungshaft bestraft.

(Gesetz vom 19. Juli 1934, Artikel 1, und Gesetz vom 10. Dezember 1937, Artikel 3)

Artikel 118 a

Mit dem Tode wird bestraft, wer sich an der Umgestaltung von gesetzmäßigen Einrichtungen oder Organisationen durch den Feind beteiligt, in Kriegszeiten die Treue der Staatsbürger gegenüber König und Staat erschüttert oder wer wissentlich der Politik oder den Absichten des Feindes dient.

Ebenso wird mit dem Tode bestraft, wer wissentlich eine Propaganda, die gegen den Widerstand gegenüber dem Feind oder seinen Verbündeten oder den in Absatz 1 aufgezählten Taten gerichtet ist, leitet, mit irgendwelchen Mitteln betreibt, hervorruft, unterstützt oder begünstigt.

(Rechtsverordnung vom 17. Dezember 1942, Artikel 3)

Artikel 119

Wer wissentlich einer zur Entgegennahme oder Kenntnisnahme nicht befugten Person Gegenstände, Pläne, Schriftstücke, Urkunden oder Nachrichten der in Artikel 118 genannten Art ganz oder teilweise, im Original oder in Reproduktion liefert oder zur Kenntnis bringt, wird mit Gefängnis von sechs Monaten bis zu fünf Jahren und mit Geldstrafe von fünfhundert Franken bis zu fünftausend Franken bestraft.

Mit den gleichen Strafen wird bestraft, wer ohne Ermächtigung der zuständigen Behörde Gegenstände, Pläne, Schriftstücke, Urkunden oder Nachrichten der in Artikel 118 aufgeführten Art ganz oder teilweise, auf irgendeine Weise reproduziert, veröffentlicht oder verbreitet.

(Gesetz vom 19. Juli 1934, Artikel 1)

Artikel 120

Wer vorsätzlich, ohne zur Entgegennahme oder Kenntnisnahme befugt zu sein, sich Gegenstände, Pläne, Schriftstücke, Urkunden oder Nachrichten der in Artikel 118 genannten Art ganz oder teilweise, im Original oder Reproduktion verschafft oder sie entgegennimmt, wird mit Gefängnis von einem Monat bis zu fünf Jahren und mit Geldstrafe von einhundert Franken bis zu fünftausend Franken bestraft.

(Gesetz vom 19. Juli 1934, Artikel 1)

Artikel 120 a

Mit Gefängnis von sechs Monaten bis zu fünf Jahren und mit Geldstrafe von fünfhundert Franken bis zu fünftausend Franken wird bestraft,

1. wer unter einer Verkleidung oder unter Verheimlichung seiner Identität, seines Berufes, seiner Eigenschaft oder seiner Staatsangehörigkeit oder mittels Machenschaften, welche die Täuschung der zu Aufsichtszwecken eingesetzten Beamten oder die Vereitelung ihrer Überwachungsmaßnahmen bezwecken, sich Zutritt verschafft zu einer Festung, irgendeiner Verteidigungsanlage, einer Stellung, einem dem Staat gehörenden Schiff oder einem vom Staat beschlagnahmten oder gemieteten Schiff, zu einer militärischen Anlage oder einer Anlage der

See- oder Luftschiffahrt, einem Depot, einem Militärmagazin oder -park oder einer Werkstatt, einer Baustelle oder einem Laboratorium, wo für den Staat die Landesverteidigung betreffende Arbeiten durchgeführt werden;

2. wer durch eines der in dem vorhergehenden Absatz aufgeführten Mittel einen Plan aufnimmt, Verbindungswege, Nachrichtenmittel oder Sendegeräte auskundschaftet oder Nachrichten sammelt, die die Landesverteidigung oder die äußere Sicherheit des Staates betreffen;
3. wer um Nachrichten zu sammeln oder weiterzugeben, die die Landesverteidigung oder die äußere Sicherheit des Staates betreffen, unbefugt sich Nachrichtenmittel oder Sendegeräte beschafft oder benutzt.

(Gesetz vom 19. Juli 1934, Artikel 1)

Artikel 120 b

Mit Gefängnis von acht Tagen bis zu einem Jahr und mit Geldstrafe von sechsundzwanzig Franken bis zu einhundert Franken wird bestraft,

1. wer ohne Genehmigung der Militär-, Seeschiffahrts- oder Luftfahrtbehörde auf irgendeine Weise im Umkreis von zehntausend Metern oder in jedem anderen von dem Minister für die Landesverteidigung etwa später festgesetzten Umkreis eines befestigten Platzes, eines Verteidigungswerks, einer Stellung, einer militärischen Anlage oder einer Anlage der Seeschiffahrt, einer Anlage der Luftfahrt, ausgenommen Flugplatz oder Flughafen, eines militärischen Depots, Magazins oder Parks, von den vorgeschobenen Anlagen ab gerechnet, topografische Aufnahmen oder Arbeiten durchführt oder Fotografien von einem dieser Orte, Werke oder Anlagen aufnimmt oder Vervielfältigungen dieser Aufnahmen herausgibt, ausstellt, verkauft oder verbreitet;
2. wer ohne Genehmigung entweder die äußere Umrandung oder die Böschung von Festungswerken oder die auf militärischem Gebiet errichteten Mauern, Schranken, Gitter, Zäune, Hecken oder sonstige Einfriedigungen erklettert oder übersteigt oder wer in eine Festung oder in eine sonstige der in Artikel 120 a Nr. 1 aufgeführten Anlagen eindringt.

(Gesetz vom 19. Juli 1934, Artikel 1, und Gesetz vom 10. Dezember 1937, Nr. 4)

Artikel 120 c

Der Versuch einer der in Artikel 116, 119, 120 bis 120 b aufgeführten strafbaren Handlungen wird als die strafbare Handlung selbst angesehen.

(Gesetz vom 19. Juli 1934, Artikel 1)

Artikel 120 d

Mit Gefängnis von einem Monat bis zu einem Jahr und mit Geldstrafe von einhundert Franken bis zu eintausend Franken wird bestraft, wer den Vorschriften zuwider Gegenstände, Pläne, Schriftstücke oder Urkunden der in Artikel 118 aufgeführten Art entfernt oder zurückhält oder wer durch Fahrlässigkeit oder infolge Nichtbeachtung von Vorschriften diese Gegenstände, Pläne, Schriftstücke oder Urkunden, die ihm anvertraut sind oder von denen er auf Grund seiner dienstlichen Tätigkeit, seines Standes, seines Berufes, einer Aufgabe oder eines Auftrags Kenntnis hat, ganz oder teilweise — und selbst nur vorübergehend — zerstören, entwenden oder entfernen läßt oder es ermöglicht, daß andere davon ganz oder teilweise Kenntnis oder auf irgendeine Weise eine Abschrift oder Reproduktion nehmen. (Gesetz vom 19. Juli 1934, Artikel 1)

Artikel 120e

Die in Artikel 118, 119, 120 und 120a aufgeführten strafbaren Handlungen werden mit dem Tode, die in Artikel 120b aufgeführten strafbaren Handlungen mit außergewöhnlicher Festungshaft und die in Artikel 120d aufgeführten strafbaren Handlungen mit Gefängnis von sechs Monaten bis zu fünf Jahren und mit Geldstrafe von fünfhundert Franken bis zu fünftausend Franken bestraft, wenn sie in Kriegszeiten begangen werden.

(Gesetz vom 19. Juli 1934, Artikel 1)

Artikel 120f

Unbeschadet der Anwendung der Artikel 66 und 67 wird mit Gefängnis von acht Tagen bis zu sechs Monaten und mit Geldstrafe von sechsundzwanzig Franken bis zu fünfhundert Franken bestraft, wer, obgleich er die Absichten der Täter einer der in Artikel 120 oder 120a aufgeführten strafbaren Handlungen oder des Versuchs einer dieser strafbaren Handlungen kennt, ihnen Unterkunft, Zuflucht oder Versammlungsstätte gewährt, ihren Briefwechsel empfängt oder übermittelt oder die Gegenstände oder Werkzeuge, die zur Begehung der strafbaren Handlung gedient haben oder dienen sollen, verbirgt.

(Gesetz vom 19. Juli 1934, Artikel 1)

Artikel 120g

Die Strafandrohungen in den Artikeln 118, 119, 120 bis 120f gelten sowohl in den Fällen, in denen die in diesen Artikeln aufgeführten strafbaren Handlungen gegenüber Belgien begangen werden, als auch in denjenigen, in denen sie gegenüber einem Staat begangen werden, mit dem Belgien durch ein regionales Abkommen im Hinblick auf eine gemeinsame Verteidigung verbündet ist.

(Gesetz vom 19. März 1956, einziger Artikel)

Artikel 121

Wer Spione oder feindliche, zu Erkundungszwecken ausgesandte Soldaten, die er als solche erkannt hat, verbirgt oder verbergen läßt, wird mit dem Tode bestraft. (Rechtsverordnung vom 11. Oktober 1916)

Wer feindliche Agenten oder Soldaten, gleich ob sie unversehrt oder verwundet sind, verbirgt oder verbergen läßt, oder wer ihnen Hilfe leistet, um es ihnen zu ermöglichen, sich den Behörden zu entziehen, wird mit Zwangsarbeit von fünfzehn Jahren bis zu zwanzig Jahren bestraft. Während eines Belagerungszustandes wird die strafbare Handlung mit dem Tode bestraft.

Wer einen Angehörigen einer feindlichen Macht oder einer mit dem Feind verbündeten Macht verbirgt oder verbergen läßt, oder wer ihm Hilfe leistet, um es ihm zu ermöglichen, sich den Behörden zu entziehen, wird mit Zuchthaus bestraft. Während eines Belagerungszustandes wird die strafbare Handlung mit Zwangsarbeit von zehn Jahren bis zu fünfzehn Jahren bestraft.

Wer Personen verbirgt oder verbergen läßt, von denen er weiß, daß sie wegen einer der strafbaren Handlungen verfolgt werden oder verurteilt worden sind, die in Teil I Kapitel II des zweiten Buchs des Strafgesetzbuchs und in Artikel 17 und 18 des das Militärgesetzbuch enthaltenden Gesetzes vom 27. Mai 1870 aufgeführt sind, oder wer ihnen Hilfe leistet, um es ihnen zu ermöglichen, sich dem Zugriff der Justizbehörden zu entziehen, wird mit der für diese strafbare Handlung angedrohten Strafe bestraft; die verhängte Strafe darf jedoch fünfzehn Jahre Zwangsarbeit oder Festungshaft nicht übersteigen.

Von der Bestimmung des vorhergehenden Absatzes sind ausgenommen Verwandte aufsteigender und absteigender Linie, Ehegatten, auch wenn sie geschieden sind, Brüder oder Schwestern und im gleichen Grade Verschwägerte der Täter oder der Gehilfen der in Frage stehenden strafbaren Handlungen.

(Gesetz vom 13. Dezember 1944, Artikel 1)

Artikel 121 a

Mit Zuchthaus wird bestraft, wer wissentlich eine Person durch Anzeige einer wahren oder erfundenen Handlung Such-, Strafverfolgungs- oder Härtemaßnahmen des Feindes aussetzt.

Er wird mit Zwangsarbeit von zehn Jahren bis zu fünfzehn Jahren bestraft, wenn die Anzeige, ohne daß inzwischen eine neue Anzeige erstattet worden ist, für irgendeine Person Freiheitsentzug von mehr als einem Monat zur Folge hat.

Er wird mit dem Tode bestraft, wenn die Anzeige, ohne daß inzwischen eine neue Anzeige erstattet worden ist, infolge der erlittenen Haft oder Behandlung für irgendeine Person den Tod oder eine unheilbar erscheinende Krankheit, dauernde Unfähigkeit zur persönlichen Arbeit oder den Verlust der vollen Gebrauchsfähigkeit eines Organs oder eine schwere Verstümmelung zur Folge hat.

(Rechtsverordnung vom 17. Dezember 1942, Artikel 4)

Artikel 122

Werden in der Absicht, den Feind zu begünstigen, Gegenstände in Brand gesetzt oder auf irgendeine Weise zerstört, so sind die in Teil IX Kapitel III für diese Taten angedrohten Strafen wie folgt zu ersetzen:

Gefängnis durch Zwangsarbeit von zehn Jahren bis zu fünfzehn Jahren;

Zuchthaus durch Zwangsarbeit von fünfzehn Jahren bis zu zwanzig Jahren;

Zwangsarbeit von zehn Jahren bis zu fünfzehn Jahren durch lebenslängliche Zwangsarbeit;

Zwangsarbeit von fünfzehn Jahren und mehr durch die Todesstrafe.

Der Versuch der Brandstiftung oder der Zerstörung wird als das Verbrechen selbst angesehen.

(Rechtsverordnung vom 11. Oktober 1916)

Artikel 122 a

Unbeschadet der Anwendung härterer Bestimmungen wird mit Gefängnis von sechs Monaten bis zu fünf Jahren und mit Geldstrafe von einhundert Franken bis zu fünftausend Franken bestraft, wer auf dem Gebiet des Königreichs im Interesse und zum Nachteil ausländischer Mächte einen militärischen Nachrichtendienst einrichtet oder wahrnimmt, wer in einer derartigen Einrichtung irgendeine Tätigkeit ausübt, insbesondere dadurch, daß er für dieselbe Mitarbeiter oder Agenten anwirbt oder ihr wissentlich Gegenstände, Pläne, Schriftstücke, Urkunden oder Nachrichten ganz oder teilweise, im Original oder in Reproduktion liefert oder mitteilt, die nicht ausdrücklich öffentlich sind und die militärische Organisation oder den Verteidigungsplan einer ausländischen Macht, die Versorgung ihrer Land-, See- oder Luftstreitkräfte mit Lebensmitteln, Waffen oder Munition oder die dort in Gebrauch befindlichen Materialien betreffen, oder wer die besagten Gegenstände, Pläne, Schriftstücke, Urkunden oder Nachrichten einer anderen ausländischen Macht oder einer im Interesse derselben handelnden Person aushändigt.

(Rechtsverordnung vom 31. Dezember 1939, Artikel 1)

Artikel 123

Wer durch feindliche Handlungen, die nicht von der Regierung gebilligt werden, den Staat Feindseligkeiten seitens einer ausländischen Macht aussetzt, wird mit Festungshaft von fünf Jahren bis zu zehn Jahren und, wenn daraus Feindseligkeiten entstanden sind, mit Festungshaft von zehn Jahren bis zu fünfzehn Jahren bestraft.

Artikel 123 a

Unbeschadet der Anwendung des Artikels 1 des Gesetzes vom 7. Juli 1875 und der Artikel 66 und 67 dieses Gesetzbuchs wird mit Gefängnis von acht Tagen bis zu drei Jahren und mit Geldstrafe von fünfzig Franken bis zu eintausend Franken bestraft:

1. das Angebot oder der Vorschlag, eine der in Artikel 113 bis 120 a, 121 bis 123 aufgeführten strafbaren Handlungen zu begehen;
2. die Annahme dieses Angebots oder dieses Vorschlags.

(Gesetz vom 19. Juli 1934, Artikel 1, und Gesetz vom 10. Dezember 1937, Nr. 5)

Artikel 123 b

Werden die in den Artikeln 115 bis 120 c, 120 e bis 123 a aufgeführten strafbaren Handlungen mit Gewinnabsicht begangen, so sind die Geldbeträge, Vermögenswerte oder sonstigen unmittelbaren oder mittelbaren Vorteile, die den aus der Tätigkeit des Schuldigen erlangten Gewinn darstellen, oder, wenn sie nicht beschlagnahmt worden sind, ein ihrem Wert entsprechender Betrag als der Staatskasse verfallen zu erklären. (Gesetz vom 19. Juli 1934, Artikel 1, und Gesetz vom 7. Juni 1945, Artikel 1)

In dem gleichen Fall werden die in Artikel 119 und 120 angedrohten Gefängnisstrafen und die Festungshaft von fünf Jahren bis zu zehn Jahren durch Zuchthaus, die Festungshaft von zehn Jahren bis zu fünfzehn Jahren durch Zwangsarbeit von gleicher Dauer, die außergewöhnliche Festungshaft durch Zwangsarbeit von fünfzehn Jahren bis zu zwanzig Jahren und die lebenslängliche Festungshaft durch lebenslängliche Zwangsarbeit ersetzt. (Gesetz vom 10. Dezember 1937, Nr. 6)

Liegen mildernde Umstände vor, so wird die Todesstrafe nach Artikel 80 ersetzt. (Gesetz vom 19. Juli 1934, Artikel 1)

Artikel 123 c

Unbeschadet der Anwendung härterer Bestimmungen wird die Verschwörung zur Begehung eines Verbrechens oder Vergehens gegen die Person oder das Eigentum, die in der Absicht angezettelt wird, in Kriegszeiten die Landesverteidigung, die Mobilmachung oder die Versorgung der Armee mit Lebensmitteln, Waffen oder Munition zu erschweren, mit den in Artikel 123 a angedrohten Strafen bestraft.

Wird die Verschwörung in Kriegszeiten angezettelt, so wird sie mit Zuchthaus bestraft.

(Gesetz vom 19. Juli 1934, Artikel 1)

Artikel 123 d

Die Einziehung der Gegenstände, die zur Begehung der strafbaren Handlung gedient haben oder dazu bestimmt gewesen sind, wird stets ausgesprochen, ebenso die Einziehung der Pläne, Karten, Schriftstücke, Urkunden, Abschriften, Aufnahmen, Fotografien, Übersichten, Vervielfältigungen und alle sonstigen durch die strafbare Handlung erlangten Gegenstände. (Gesetz vom 19. Juli 1934, Artikel 1)

In den in Artikel 119, 120, 120 a, 121 a, 122 a und 123 c aufgeführten Fällen können die Schuldigen, die zu Gefängnis verurteilt werden, auch zu lebenslänglichem oder zeitigem Verlust der in Artikel 31 aufgeführten Rechte verurteilt werden. (Rechtsverordnung vom 31. Dezember 1939, Artikel 2)

Artikel 123 e

Wer wegen einer in Kriegszeiten begangenen, in Teil I Kapitel II des zweiten Buchs des Strafgesetzbuchs oder in Artikel 17 und 18 des Militärstrafgesetzbuchs aufgeführten vollendeten oder versuchten strafbaren Handlung zu einer Verbrechensstrafe mit Freiheitsentzug von mehr als fünf Jahren verurteilt worden ist, verliert von Rechts wegen auf Lebenszeit:

a) die in Artikel 31 StGB aufgezählten Rechte einschließlich des aktiven und passiven Wahlrechts;

b) das Recht, auf einer der Standeslisten der Anwälte, auf einer Liste der Ehrenanwälte oder auf einer Liste der Anwaltsassessoren geführt zu werden;

c) das Recht, in irgendeiner Eigenschaft an dem Unterricht in einer öffentlichen oder privaten Anstalt teilzunehmen;

d) das Recht, vom Staat als Religionsdiener besoldet zu werden;

e) das Recht, sich in irgendeiner Eigenschaft an der Nutzung, Verwaltung, Redaktion, dem Druck oder Vertrieb einer Zeitung oder einer sonstigen Veröffentlichung zu beteiligen;

f) das Recht, sich an der Leitung oder Verwaltung einer kulturellen, philantropischen und sportlichen Darbietung oder sonstigen öffentlichen Veranstaltung zu beteiligen;

g) das Recht, sich an der Nutzung, an der Verwaltung oder in irgendeiner Weise an der Tätigkeit eines Theater-, Film- oder Rundfunkunternehmens zu beteiligen;

h) das Recht, die Tätigkeit eines Verwalters, Beauftragten, Geschäftsführers oder Bevollmächtigten einer Aktiengesellschaft, Kommanditgesellschaft auf Aktien, einer Genossenschaft oder eines Kreditvereins, die Tätigkeit eines leitenden Verwaltungsangestellten eines belgischen Unternehmens nach Artikel 198 Absatz 2 der koordinierten Gesetze über die Handelsgesellschaften, den Beruf eines Börsenmaklers, eines korrespondierenden Börsenmaklers oder eines Bankrevisors, den Beruf eines Bankiers, die Aufgaben des Geschäftsführers, Verwalters, Direktors oder Bevollmächtigten einer Bank im Sinne der Königlichen Verordnung Nr. 185 vom 9. Juli 1935, die Tätigkeit eines leitenden Verwaltungsangestellten des Geschäftssitzes ausländischer Banken in Belgien nach Artikel 6 der Königlichen Verordnung Nr. 185 vom 9. Juli 1935 auszuüben;

i) das Recht, sich in irgendeiner Eigenschaft an der Verwaltung, Geschäftsführung oder Leitung eines Berufsverbandes oder einer Vereinigung ohne Gewinnabsicht zu beteiligen;

j) das Recht, Leiter einer politischen Vereinigung zu sein.

(Rechtsverordnung vom 6. Mai 1944, Artikel 2 Nr. 1, abgeändert durch Gesetz vom 29. Februar 1952, Artikel 5)

Artikel 123 f

Die Gerichte[1]) können demjenigen, der wegen einer in dem vorhergehenden Artikel aufgeführten vollendeten oder versuchten strafbaren Handlung zu einer Besserungs- oder Verbrechensstrafe, die eine Dauer von fünf Jahren nicht übersteigt, verurteilt worden ist, die in dem erwähnten Artikel aufgezählten Rechte ganz oder teilweise, lebenslänglich oder auf Zeit aberkennen. (Gesetz vom 29. Februar 1952, Artikel 5)

Artikel 123 g

Wenn ein erstinstanzliches Urteil oder Berufungsurteil, das in Anwendung der Bestimmungen des Artikels 123 e den Verlust von Rechten auf Lebenszeit nach sich zieht, rechtskräftig geworden ist, läßt die Staatsanwaltschaft dieses Urteil im Auszug im „Moniteur belge“ mit dem Vermerk des Rechtsverlustes veröffentlichen. Außerdem teilt sie die Entscheidung „im Auszug“ dem Gemeindebeamten des letzten Wohnsitzes des Betroffenen zum Zwecke der Eintragung dieses Vermerks in das Einwohnerverzeichnis mit. Dieser Vermerk wird in das Einwohnerverzeichnis eines jeden neuen Wohnsitzes übernommen.

(Rechtsverordnung vom 1. Februar 1947)

Artikel 123 h

Wer trotz des Rechtsverlustes, der infolge Anwendung des Artikels 123 e und des Artikels 123 f eingetreten ist, unmittelbar oder durch Vorschieben einer Person von einem der in diesem Artikel aufgezählten Rechte Gebrauch macht, wird mit Gefängnis von einem Jahr bis zu drei Jahren und mit Geldstrafe von zehntausend Franken bis zu hunderttausend Franken bestraft. (Gesetz vom 14. Juni 1948, Artikel 8 § 1)

Artikel 123 i

Die Gesellschaften sind zivilrechtlich haftbar bei Verurteilungen zu Schadensersatz, Geldstrafen, Kosten, Einziehungen, Rückerstattungen und Geldbußen jeder Art, die gegen ihre Organe oder Angestellten wegen Verletzung der Bestimmungen dieses Kapitels ausgesprochen werden.

Das gleiche gilt hinsichtlich der Mitglieder aller Handelsgesellschaften, die keine Rechtspersönlichkeit besitzen, wenn die Straftat von einem Gesellschafter, Geschäftsführer oder leitenden Angestellten anläßlich einer in den Rahmen der Tätigkeit der Gesellschaft fallenden Handlung begangen wird. Der zivilrechtlich verantwortliche Gesellschafter ist jedoch nur bis zur Höhe der Beträge oder Werte haftbar, die er durch die Handlung an sich gebracht hat.

Diese Gesellschaften und Gesellschafter können von der Staatsanwaltschaft oder der zivilrechtlichen Partei unmittelbar vor die Strafjustiz geladen werden.

(Rechtsverordnung vom 20. September 1945, Artikel 2)

---

[1]) Im belgischen Text wird zwischen „cours“ (Rechtsmittelgerichte) und „tribunaux“ (erstinstanzliche Gerichte) unterschieden.

KAPITEL III

Von den Verbrechen gegen die innere Sicherheit des Staates

Artikel 124

Wer einen Anschlag begeht mit dem Ziel, zum Bürgerkrieg aufzureizen, indem er die Bürger oder Einwohner bewaffnet oder sie dazu bringt, sich zu gegenseitiger Bekämpfung zu bewaffnen, wird mit außergewöhnlicher Festungshaft bestraft.

Die mit dem gleichen Ziel angezettelte Verschwörung wird, wenn eine die Ausführung vorbereitende Handlung begangen worden ist, mit Festungshaft von zehn Jahren bis zu fünfzehn Jahren, andernfalls mit der gleichen Strafe von fünf Jahren bis zu zehn Jahren bestraft.

Artikel 125

Der Anschlag mit dem Ziel, in einer oder mehreren Gemeinden Verwüstung oder Gemetzel anzurichten oder eine Plünderung zu begehen, wird mit Zwangsarbeit von fünfzehn Jahren bis zu zwanzig Jahren bestraft.

Die mit dem gleichen Ziel angezettelte Verschwörung wird, wenn eine die Ausführung vorbereitende Handlung begangen worden ist, mit zehn Jahren bis zu fünfzehn Jahren der gleichen Strafe, andernfalls mit Zuchthaus bestraft.

Artikel 126

Mit Festungshaft von fünf Jahren bis zu zehn Jahren wird bestraft, wer ohne Befehl oder Ermächtigung seitens der Regierung bewaffnete Truppen aushebt oder ausheben läßt, Soldaten anwirbt oder einstellt oder anwerben oder einstellen läßt oder ihnen Waffen oder Munition liefert oder verschafft.

Artikel 127

Mit Festungshaft von fünf Jahren bis zu zehn Jahren wird bestraft,

wer ohne Befugnis oder rechtmäßigen Grund die Befehlsgewalt über ein Armeekorps, eine Truppe, ein Kriegsfahrzeug, einen befestigten Platz, eine Stellung, einen Hafen oder eine Stadt übernimmt;

wer gegen den Befehl der Regierung eine militärische Befehlsgewalt weiter ausübt;

der Befehlshaber, der seine Armee oder Truppe nach der Anordnung ihrer Auflösung oder Entlassung zusammenhält.

Artikel 128

Wer, um sich öffentlicher Gelder zu bemächtigen oder um Domänen, Besitzungen, Plätze, Städte, Festungen, Stellungen, Warenlager, Arsenale, Häfen, Schiffe oder Fahrzeuge, die dem Staat gehören, mit Gewalt zu besetzen oder um die gegen die Täter dieser Verbrechen aufgebotene öffentliche Gewalt anzugreifen oder ihr Widerstand zu leisten, sich an die Spitze von bewaffneten Banden stellt oder bei ihnen eine Tätigkeit oder eine Befehlsgewalt ausübt, wird mit außergewöhnlicher Festungshaft bestraft.

Artikel 129

Verfolgen diese Banden das Ziel, öffentliche oder nationale Besitzungen oder Besitzungen, die einer Gesamtheit von Bürgern gehören, zu plündern oder aufzuteilen oder die gegen die Täter dieser Verbrechen aufgebotene öffentliche Gewalt anzugreifen oder ihr Widerstand zu leisten, so werden diejenigen, die sich an die Spitze dieser Banden stellen oder bei ihnen eine Tätigkeit oder Befehlsgewalt ausüben, mit Zwangsarbeit von fünfzehn Jahren bis zu zwanzig Jahren bestraft.

Artikel 130

Die in den beiden vorhergehenden Artikeln angedrohten Strafen finden auch auf diejenigen Anwendung, die die Verbindung herbeiführen, Banden anwerben oder organisieren oder anwerben oder organisieren lassen.

Artikel 131

Wird eines der in Artikel 101, 102, 103 und 104 erwähnten Verbrechen von einer Bande begangen, so finden die in diesen Artikeln angedrohten Strafen auf alle an der Bande Beteiligten, die an dem Ort der aufrührerischen Versammlung ergriffen werden, ohne Unterschied des Ranges Anwendung.

Mit den gleichen Strafen wird bestraft, wer, auch wenn er nicht am Tatort ergriffen wird, den Aufruhr geleitet oder in der Bande eine Tätigkeit oder eine Befehlsgewalt ausgeübt hat.

Artikel 132

Außer in dem Fall, in dem die aufrührerische Versammlung die Begehung einer der in den Artikeln 101, 102, 103 und 104 aufgeführten Verbrechen zum Gegenstand oder zur Folge hat, werden die an den oben erwähnten Banden Beteiligten, die darin keine Tätigkeit oder Befehlsgewalt ausgeübt haben, aber am Tatort ergriffen werden, mit derjenigen Strafe bestraft, die gegenüber der Strafe, die gegen die Anführer oder Befehlshaber dieser Banden ausgesprochen wird, die nächstniedrigere ist.

Artikel 133

Wer in Kenntnis des Ziels oder des Charakters der genannten Banden diesen oder ihren Abteilungen Unterkunft, Zuflucht oder Versammlungsstätte gewährt, wird in den Fällen der Artikel 101, 102, 103 und 129 mit Zuchthaus und in den in Artikel 104 und 128 vorgesehenen Fällen mit Festungshaft von fünf Jahren bis zu zehn Jahren bestraft.

Artikel 134

Keine Strafe wegen der Straftat des Aufruhrs wird gegen denjenigen verhängt, der an diesen Banden beteiligt war, ohne dort eine Befehlsgewalt, eine Tätigkeit oder ein Amt auszuüben, wenn er sich auf die erste Aufforderung der Zivil- oder Militärbehörden hin zurückzieht oder wenn er außerhalb des Ortes der aufrührerischen Versammlung ohne Widerstand zu leisten und unbewaffnet festgenommen wird.

Jedoch wird er wegen anderer von ihm persönlich begangener Verbrechen oder Vergehen bestraft.

Artikel 135

Unter das Wort „Waffen" fallen alle Maschinen, Instrumente, Werkzeuge oder sonstigen zum Schneiden, Stechen oder Schlagen geeigneten Gegenstände, die ergriffen werden, um zu töten, zu verwunden oder zu schlagen, auch wenn von ihnen kein Gebrauch gemacht wird.

Artikel 135 a

Wer von einer ausländischen Person oder Organisation in irgendeiner Form Gaben, Geschenke, Darlehen oder sonstige Vorteile mittelbar oder unmittelbar annimmt, die ganz oder teilweise dazu bestimmt sind oder benutzt werden, in Belgien eine Tätigkeit oder eine Propaganda zu betreiben oder zu vergüten, die geeignet ist, die Integrität, die Souveränität oder die Unabhängigkeit des Königreichs zu beeinträchtigen, oder die Treue, die die Bürger dem Staat und den Institutionen des belgischen Volkes schulden, zu erschüttern, wird mit Gefängnis von sechs Monaten bis zu fünf Jahren und mit Geldstrafe von eintausend Franken bis zu zwanzigtausend Franken bestraft.

Bei allen diesen strafbaren Handlungen werden die empfangenen Gegenstände eingezogen; Artikel 9 des Gesetzes vom 31. Mai 1888 findet auf diese Einziehung keine Anwendung.

Das Verbot der Ausübung der in Artikel 31 aufgezählten Rechte oder einzelner dieser Rechte kann für einen Zeitraum von fünf Jahren bis zu zehn Jahren ausgesprochen werden.

(Gesetz vom 20. Juli 1939)

Artikel 135 b

Mit Gefängnis von acht Tagen bis zu sechs Monaten wird bestraft, wer durch Geschenke, Belohnungen, Versprechungen, Drohungen oder Mißbrauch seines Amtes oder seiner Macht zugunsten einer ausländischen Armee oder Truppe Männer anwirbt oder Verpflichtungserklärungen von Männern herbeiführt oder sammelt.

Abweichungen von dem Verbot der Anwerbung durch Geschenke, Belohnungen und Versprechungen können durch Königlichen Erlaß verfügt werden.

(Gesetz vom 15. Juni 1951, Artikel 99)

Gemeinsame Bestimmung für diesen Teil

Artikel 136

Von den in diesem Teil für die Verschwörung und für die in Artikel 111 aufgeführten Straftaten angedrohten Strafen ist derjenige Schuldige ausgenommen, der vor dem Anschlag und vor Einleitung der Strafverfolgung der Behörde Kenntnis von dieser Verschwörung oder diesen strafbaren Handlungen und ihren Tätern oder Gehilfen gibt.

TEIL II

Von den Verbrechen und Vergehen, die die durch die Verfassung gewährleisteten Rechte verletzen

KAPITEL I

Von den Vergehen in Beziehung auf die Ausübung der politischen Rechte

Artikel 137 bis 141

(Aufgehoben durch Artikel 199 Nr. 13 des Wahlgesetzes vom 18. Mai 1872 und jetzt ersetzt durch Teil V des am 26. April 1929 revidierten Wahlgesetzes)

Zweites Buch

KAPITEL II

Von den Vergehen in Beziehung auf die freie Religionsausübung

Artikel 142

Wer durch Gewalt oder Drohungen eine oder mehrere Personen zwingt oder hindert, eine religiöse Handlung vorzunehmen, der Vornahme einer religiösen Handlung beizuwohnen, bestimmte religiöse Feste zu feiern, bestimmte Ruhetage einzuhalten und infolgedessen ihre Werkstätten, Kaufläden oder Warenlager zu öffnen oder zu schließen und bestimmte Arbeiten vorzunehmen oder zu unterlassen, wird mit Gefängnis von acht Tagen bis zu zwei Monaten und mit Geldstrafe von sechsundzwanzig Franken bis zu zweihundert Franken bestraft.

Artikel 143

Wer durch Unruhen oder Aufruhr die Vornahme einer religiösen Handlung, die an einem dazu bestimmten oder gewöhnlich dazu dienenden Ort oder bei den öffentlichen Zeremonien dieser Religion erfolgt, verhindert, verzögert oder unterbricht, wird mit Gefängnis von acht Tagen bis zu drei Monaten und mit Geldstrafe von sechsundzwanzig Franken bis zu fünfhundert Franken bestraft.

Artikel 144

Wer durch Handlungen, Worte, Gesten oder Drohungen Gegenstände einer Religion an den zu ihrer Ausübung bestimmten oder hierzu gewöhnlich dienenden Orten oder bei den öffentlichen Zeremonien dieser Religion beschimpft, wird mit Gefängnis von fünfzehn Tagen bis zu sechs Monaten und mit Geldstrafe von sechsundzwanzig Franken bis zu fünfhundert Franken bestraft.

Artikel 145

Mit den gleichen Strafen wird bestraft, wer durch Handlungen, Worte, Gesten oder Drohungen den Geistlichen bei der Ausübung seines geistlichen Amtes beschimpft.

Schlägt er ihn, so wird er mit Gefängnis von zwei Monaten bis zu zwei Jahren und mit Geldstrafe von fünfzig Franken bis zu fünfhundert Franken bestraft.

Artikel 146

Haben die Schläge Blutverlust, Wunden oder Krankheit zur Folge, so wird der Schuldige mit Gefängnis von sechs Monaten bis zu fünf Jahren und mit Geldstrafe von einhundert Franken bis zu eintausend Franken bestraft.

KAPITEL III

Von den Verletzungen der durch die Verfassung gewährleisteten Rechte durch öffentliche Bedienstete

Artikel 147

Jeder öffentliche Bedienstete oder Beamte, jeder Bevollmächtigte oder Vertreter der Behörde oder der öffentlichen Gewalt, der gesetzwidrig und willkürlich eine oder mehrere Personen festnimmt oder in Haft hält oder festnehmen oder in Haft halten läßt, wird mit Gefängnis von drei Monaten bis zu zwei Jahren bestraft.

Die Gefängnisstrafe beträgt sechs Monate bis zu drei Jahren, wenn die gesetzwidrige und willkürliche Haft mehr als zehn Tage gedauert hat.

Hat sie mehr als einen Monat gedauert, so wird der Schuldige zu Gefängnis von einem Jahr bis zu fünf Jahren verurteilt.

Er wird außerdem mit Geldstrafe von fünfzig Franken bis zu eintausend Franken bestraft und kann zum Verlust der in Artikel 31 Nrn. 1, 2 und 3 aufgeführten Rechte verurteilt werden.

Artikel 148

Jeder Bedienstete der Verwaltung oder der Justizverwaltung[1]), jeder Justiz- oder Polizeibeamte, jeder leitende Beamte oder Vertreter der öffentlichen Gewalt, der in dieser Eigenschaft außer in den im Gesetz vorgesehenen Fällen und ohne Beobachtung der gesetzlich vorgeschriebenen Förmlichkeiten in eine Wohnung gegen den Willen des Bewohners eindringt, wird mit Gefängnis von acht Tagen bis zu sechs Monaten und mit Geldstrafe von sechsundzwanzig Franken bis zu zweihundert Franken bestraft.

Artikel 149

Mit Gefängnis von fünfzehn Tagen bis zu zwei Monaten und mit Geldstrafe von sechsundzwanzig Franken bis zu fünfhundert Franken wird jeder Bedienstete oder Vertreter der Regierung, jeder Angestellte der Post- *und Telegrafen*verwaltung bestraft, welcher der Post anvertraute Briefe *oder Telegramme* öffnet oder unterdrückt oder deren Öffnung oder Unterdrückung erleichtert.

Artikel 150

(Aufgehoben durch Artikel 31 des Gesetzes vom 13. Oktober 1930)

Artikel 151

Jede andere willkürliche oder frevlerische Handlung gegen die durch die Verfassung gewährleisteten Freiheiten und Rechte, die von einem öffentlichen Bediensteten oder Beamten oder einem Bevollmächtigten oder Vertreter der Behörde oder der öffentlichen Gewalt angeordnet oder ausgeführt wird, wird mit Gefängnis von fünfzehn Tagen bis zu einem Jahr bestraft.

Artikel 152

Weist der Beschuldigte nach, daß er auf Befehl seiner Vorgesetzten in Sachen, die in deren Zuständigkeit fallen und in denen er ihnen als Untergebener Gehorsam schuldete, gehandelt hat, so werden die in den vorhergehenden Artikeln angedrohten Strafen nur gegen die Vorgesetzten verhängt, die den Befehl erteilt haben.

Artikel 153

Macht der öffentliche Bedienstete oder Beamte, der beschuldigt ist, eine der in Artikel 148 bis 151 erwähnten Handlungen angeordnet, genehmigt oder erleichtert zu haben, geltend, daß seine Unterschrift erschlichen worden sei, so ist er verpflichtet, den Schuldigen zur Anzeige zu bringen und gegebenenfalls die Einstellung seines Verfahrens zu veranlassen; andernfalls wird er persönlich strafrechtlich verfolgt.

---

[1]) „Fonctionnaire judiciaire" ist jeder Richter, Gerichtsschreiber, Gerichtssekretär und Angestellter eines Gerichts.

Artikel 154

Wird eine der in den Artikeln 148 bis 151 erwähnten willkürlichen Handlungen mittels der gefälschten Unterschrift eines öffentlichen Bediensteten begangen, so werden der Täter der Fälschung und diejenigen, die böswillig oder betrügerisch von ihr Gebrauch machen, mit Zwangsarbeit von zehn Jahren bis zu fünfzehn Jahren bestraft.

Artikel 155

Der mit verwaltungspolizeilichen oder gerichtspolizeilichen Aufgaben betraute öffentliche Bedienstete oder Beamte, der, obgleich er hierzu die Macht hat, es unterläßt, eine zu seiner Kenntnis gelangte gesetzwidrige Haft aufzuheben, oder sich weigert, diese aufzuheben, wird mit Gefängnis von einem Monat bis zu einem Jahr bestraft.

Artikel 156

Der mit verwaltungspolizeilichen oder gerichtspolizeilichen Aufgaben betraute öffentliche Bedienstete oder Beamte, der zwar selbst nicht die Macht hat, eine gesetzwidrige Haft aufzuheben, es aber unterläßt oder sich weigert, den Tatbestand einer zu seiner Kenntnis gelangten gesetzwidrigen Haft festzustellen und sie bei der zuständigen Behörde zur Anzeige zu bringen, wird mit Gefängnis von acht Tagen bis zu sechs Monaten bestraft.

Artikel 157

Der Direktor, Leiter, Wärter oder Türhüter eines zu Haftzwecken dienenden Gebäudes, Gefängnisses, Justizgebäudes oder einer Strafanstalt, der einen Gefangenen ohne gesetzmäßigen Befehl oder Auftrag oder ohne Urteil aufnimmt,

derjenige, der ohne Rechtfertigung durch ein Verbot des Staatsanwalts oder Richters einen solchen Gefangenen zurückbehält oder sich weigert, ihn dem Polizeibeamten oder dessen Beauftragten zur Verfügung zu halten, sowie

derjenige, der sich weigert, dem Polizeibeamten seine Register vorzulegen,

wird mit Gefängnis von fünfzehn Tagen bis zu zwei Jahren und mit Geldstrafe von sechsundzwanzig Franken bis zu zweihundert Franken bestraft.

Artikel 158

Jeder Richter, jeder Beamte der Staatsanwaltschaft oder der Gerichtspolizei und jeder sonstige Beamte, der ohne die vorgeschriebenen Genehmigungen gegen einen Minister, einen Senator oder einen Abgeordneten ein Urteil oder eine Anordnung oder einen Auftrag zur Einleitung einer Strafverfolgung oder eines Strafverfahrens gegen sie herbeiführt, erläßt oder unterzeichnet oder der ohne die erwähnten Genehmigungen den Befehl oder den Auftrag zur Festnahme oder Verhaftung eines Ministers, eines Senators oder Abgeordneten erteilt oder unterzeichnet, es sei denn, daß die beiden letzteren auf frischer Tat betroffen worden sind, wird mit Geldstrafe von zweihundert Franken bis zu zweitausend Franken bestraft und kann zum Verlust des Rechts, eine Tätigkeit als öffentlicher Bediensteter, Angestellter oder Beamter auszuüben, verurteilt werden.

Artikel 159

Mit der gleichen Strafe wird der Beamte der Staatsanwaltschaft, der Richter oder der Beamte bestraft, der eine Person an anderen als den von der Regierung oder öffentlichen Verwaltung hierfür bestimmten Orten zurückhält oder zurückhalten läßt.

TEIL III

Von den Verbrechen und den Vergehen gegen den öffentlichen Glauben

KAPITEL I

Vom Falschgeld

Artikel 160

Wer Gold- oder Silbermünzen, die in Belgien oder im Ausland gesetzlichen Kurs haben, nachmacht, wird mit Zwangsarbeit von zehn Jahren bis zu fünfzehn Jahren bestraft.

(Gesetz vom 12. Juli 1932, Artikel 1 Nr. 1)

Artikel 161

Mit Zuchthaus wird bestraft, wer die gleichen Münzen verfälscht.

Artikel 162

Wer andere Metallmünzen, die in Belgien oder im Ausland gesetzlichen Kurs haben, nachmacht, wird mit Gefängnis von einem Jahr bis zu drei Jahren bestraft. (Gesetz vom 12. Juli 1932, Artikel 1 Nr. 1)

Der Schuldige kann außerdem zum Verlust von Rechten nach Maßgabe des Artikels 33 verurteilt *und für mindestens fünf Jahre und höchstens zehn Jahre unter besondere Polizeiaufsicht gestellt* werden.

Der Versuch des Nachmachens wird mit Gefängnis von drei Monaten bis zu zwei Jahren bestraft.

Artikel 163

Die Verfälschung der gleichen Münzen wird mit Gefängnis von drei Monaten bis zu einem Jahr bestraft.

Der Versuch wird mit Gefängnis von einem Monat bis zu sechs Monaten bestraft. (Gesetz vom 12. Juli 1932, Artikel 1 Nr. 2)

Artikel 164 bis 167

(Aufgehoben durch Gesetz vom 12. Juli 1932, Artikel 1 Nr. 3)

Artikel 168

Nach den in den vorhergehenden Artikeln aufgestellten Unterscheidungsmerkmalen werden wie die Fälscher oder ihre Gehilfen diejenigen bestraft, die im Zusammenwirken mit ihnen sich an der Verbreitung oder dem Versuch der Verbreitung der erwähnten nachgemachten oder verfälschten Münzen oder an ihrer Einfuhr oder dem Versuch ihrer Einfuhr in belgisches Gebiet beteiligen.

Artikel 169

Wer, ohne der in dem vorhergehenden Artikel erwähnten Teilnahme schuldig zu sein, sich in Kenntnis des Sachverhalts nachgemachte oder verfälschte Geldstücke verschafft oder dieselben in den Verkehr bringt oder versucht, sie in den Verkehr zu bringen, wird mit Gefängnis von einem Monat bis zu drei Jahren bestraft.

Wer nachgemachte oder verfälschte Geldstücke annimmt oder sich beschafft, um sie in den Verkehr zu bringen, wird mit Gefängnis von acht Tagen bis zu einem Jahr bestraft. (Gesetz vom 12. Juli 1932, Artikel 1 Nr. 4)

Der Versuch des in dem vorhergehenden Absatz aufgeführten Vergehens wird mit Gefängnis von acht Tagen bis zu sechs Monaten bestraft. (Gesetz vom 12. Juli 1932, Artikel 1 Nr. 4)

Artikel 170

Wer nachgemachte oder verfälschte Geldstücke, die er als echte empfangen hat, wieder in den Verkehr bringt, nachdem er ihre Fehler festgestellt hat oder hat feststellen lassen, wird mit Geldstrafe von sechsundzwanzig Franken bis zu eintausend Franken bestraft.

Besondere Bestimmungen

Artikel 171

Wer sich bei der Auswahl der Muster, die in Ausführung des Münzgesetzes zur Feststellung des Feingehalts und des Gewichts der Gold- und Silbermünzen bestimmt sind, eines Betrugs schuldig macht, wird zu Zwangsarbeit von fünfzehn Jahren bis zu zwanzig Jahren verurteilt.

Artikel 172

Wer diesen Betrug bei der Auswahl der Muster anderer Metallmünzen begeht, wird mit Zuchthaus bestraft.

KAPITEL II

Von dem Nachmachen oder Verfälschen von Staatspapieren, Aktien, Schuldverschreibungen, Zinsscheinen und gesetzlich zugelassenen Banknoten

Artikel 173

Mit Zwangsarbeit von fünfzehn Jahren bis zu zwanzig Jahren wird bestraft, wer von der Staatskasse ausgegebene Schuldverschreibungen, zu diesen Schuldverschreibungen gehörende Zinsscheine oder von der Staatskasse ausgegebene, auf den Inhaber lautende Noten oder auf den Inhaber lautende Banknoten, zu deren Ausgabe durch oder auf Grund eines Gesetzes eine Ermächtigung erteilt worden ist, nachmacht oder verfälscht.

Mit den gleichen Strafen wird bestraft, wer von einem ausländischen Staat ausgegebene, auf den Inhaber lautende Noten oder auf den Inhaber lautende Banknoten nachmacht oder verfälscht, zu deren Ausgabe durch ein Gesetz eines ausländischen Staates oder auf Grund einer Bestimmung, die dort Gesetzeskraft hat, eine Ermächtigung erteilt worden ist. (Gesetz vom 3. März 1953, Artikel 1)

Artikel 174

Mit Zwangsarbeit von zehn Jahren bis zu fünfzehn Jahren wird bestraft, wer auf den Inhaber lautende Staatsschuldverschreibungen eines ausländischen Staates oder zu diesen Papieren gehörende Zinsscheine nachmacht oder verfälscht.

(Gesetz vom 12. Juli 1932, Artikel 1 Nr. 6)

Artikel 175

Wer Aktien, Schuldverschreibungen oder andere Papiere, die von Provinzen, Gemeinden, öffentlichen Verwaltungen oder Anstalten, gleichgültig unter welcher Bezeichnung, von Gesellschaften oder Privatpersonen gesetzmäßig ausgegeben sind, oder zu diesen verschiedenen Papieren gehörende Zins- oder Gewinnanteilscheine nachmacht oder verfälscht, wird, wenn die Verbreitung in Belgien erfolgt, mit zehn Jahren bis zu fünfzehn Jahren Zwangsarbeit und, wenn die Verbreitung im Ausland erfolgt, mit Zuchthaus bestraft.

Artikel 176

Nach den in den vorhergehenden Artikeln aufgestellten Unterscheidungsmerkmalen werden wie die Fälscher oder ihre Gehilfen diejenigen bestraft, die im Zusammenwirken mit ihnen sich an der Verbreitung oder dem Versuch der Verbreitung dieser nachgemachten oder verfälschten Aktien, Schuldverschreibungen, Zinsscheine oder Noten oder an ihrer Einfuhr oder dem Versuch ihrer Einfuhr nach Belgien beteiligen.

Artikel 177

Wer, ohne der in dem vorhergehenden Artikel erwähnten Teilnahme schuldig zu sein, sich in Kenntnis des Sachverhalts diese nachgemachten oder verfälschten Aktien, Schuldverschreibungen, Zinsscheine oder Noten verschafft und sie verbreitet oder zu verbreiten versucht, wird mit Gefängnis von einem Jahr bis zu fünf Jahren bestraft.

Wer nachgemachte oder verfälschte Noten annimmt oder sich verschafft, um sie in Verkehr zu bringen, wird mit Gefängnis von sechs Monaten bis zu drei Jahren bestraft. (Gesetz vom 12. Juli 1932, Artikel 1 Nr. 7)

Der Versuch des in dem vorhergehenden Absatz aufgeführten Vergehens wird mit Gefängnis von drei Monaten bis zu einem Jahr bestraft. (Gesetz vom 12. Juli 1932, Artikel 1 Nr. 7)

Artikel 178

Wer nachgemachte oder verfälschte Aktien, Schuldverschreibungen, Zinsscheine oder Noten, die er als echte empfangen hat, wieder in den Verkehr bringt, nachdem er ihre Fehler festgestellt hat oder hat feststellen lassen, wird mit Gefängnis von einem Monat bis zu einem Jahr und mit Geldstrafe von fünfzig Franken bis zu eintausend Franken oder mit einer dieser Strafen allein bestraft.[1])

KAPITEL III

Von dem Nachmachen oder Verfälschen von Siegeln, Stempeln, Prägestempeln, Kennzeichen usw.

Artikel 179

Mit Zwangsarbeit von zehn Jahren bis zu fünfzehn Jahren wird bestraft, wer das Staatssiegel nachmacht oder das nachgemachte Siegel gebraucht.

---

[1]) Diese Strafbestimmung wird ergänzt durch das Gesetz vom 11. Juni 1889 betreffend Drucksachen und Formblätter, die den Anschein von Banknoten oder anderem staatlichen Papiergeld haben (Moniteur vom 15. Juni 1889) in der Fassung des Gesetzes vom 3. März 1953 (Moniteur vom 6. März 1953).

Artikel 180

Mit Zuchthaus wird bestraft,

wer staatliche Stempel oder Prägestempel, die zur Kennzeichnung von Gold- oder Silberwaren dienen, nachmacht oder verfälscht;

wer von diesen nachgemachten oder verfälschten Stempeln oder Prägestempeln Gebrauch macht;

wer die zur Münzanfertigung bestimmten Stempel, Präge- oder Quadratstempel nachmacht oder verfälscht;

wer Stempel, Matrizen, Klischees, Platten oder sonstige Gegenstände nachmacht oder verfälscht, die zur Anfertigung von Marken, Aktien, Schuldverschreibungen, Zins- oder Gewinnanteilscheinen, von der Staatskasse ausgegebenen, auf den Inhaber lautenden Noten oder Banknoten, zu deren Ausgabe durch oder auf Grund eines Gesetzes eine Ermächtigung erteilt worden ist, dienen. **(Gesetz vom 3. März 1953, Artikel 2)**

Artikel 181

Mit der gleichen Strafe wird bestraft, wer wissentlich mit nachgemachten oder verfälschten Marken oder Stempeln versehene Papiere oder Gold- oder Silberwaren zum Verkauf ausstellt.

Artikel 182

Werden die von dem Stempelamt angebrachten Kennzeichen in betrügerischer Weise für andere Gegenstände verwendet oder diese Kennzeichen oder der Stempelaufdruck ohne Benutzung nachgemachter Stempel oder Marken nachgemacht, so werden die Schuldigen mit Gefängnis von sechs Monaten bis zu fünf Jahren bestraft.

Artikel 183

Wer sich in Kenntnis des Sachverhalts Papier verschafft, das mittels einer nachgemachten oder verfälschten Marke gekennzeichnet ist, und von derselben Gebrauch macht, wird mit Gefängnis von acht Tagen bis zu sechs Monaten bestraft.

Artikel 184

Mit Gefängnis von drei Monaten bis zu drei Jahren wird bestraft und kann zum Verlust von Rechten nach Maßgabe des Artikels 33 verurteilt werden,

wer Scheine für den Personen- oder Gütertransport nachmacht oder einen nachgemachten Schein gebraucht;

wer das Siegel, die Marke oder das Kennzeichen irgendeiner Behörde, eines Privat-, Bank-, *Industrie- oder Handelsunternehmens* oder einer Privatperson nachmacht oder die nachgemachten Siegel, Marken oder Kennzeichen gebraucht.

Der Versuch dieser Vergehen wird mit Gefängnis von einem Monat bis zu einem Jahr bestraft.

(Soweit es sich um Fabrik- oder Handelsmarken handelt, ist die Bestimmung aufgehoben und durch das Gesetz vom 1. April 1879 ersetzt worden.)

Artikel 185

Mit Gefängnis von zwei Monaten bis zu drei Jahren wird bestraft, wer sich unbefugterweise echte Siegel, Marken, Stempel und Kennzeichen, die zu einem der in Artikel 179 und 180 angegebenen Zweck bestimmt sind, beschafft und diese in einer den Rechten und Interessen des Staates, irgendeiner Behörde oder auch einer Privatperson nachteiligen Weise anwendet oder gebraucht.

Der Versuch dieses Vergehens wird mit Gefängnis von fünfzehn Tagen bis zu einem Jahr bestraft.

Artikel 185 a

Mit Gefängnis von acht Tagen bis zu einem Jahr wird bestraft,

wer nachgemachte oder verfälschte Stempel, Prägestempel oder Quadratstempel, die im vorletzten Absatz des Artikels 180 aufgeführt sind, oder die zur Herstellung von Geld bestimmten echten Stempel, Prägestempel oder Quadratstempel in betrügerischer Absicht annimmt oder sich beschafft;

wer nachgemachte oder verfälschte Stempel, Matrizen, Klischees, Platten oder sonstige Gegenstände, die ihrer Natur nach zum Nachmachen oder zum Verfälschen von auf den Inhaber lautenden, von der Staatskasse ausgegebenen Noten oder Banknoten bestimmt sind, zu deren Ausgabe durch oder auf Grund eines Gesetzes eine Ermächtigung erteilt worden ist, oder die zur Herstellung dieser Noten bestimmten echten Stempel, Matrizen, Klischees, Platten oder sonstige Gegenstände in betrügerischer Absicht annimmt oder sich beschafft. (Gesetz vom 3. März 1953, Artikel 3)

Artikel 186

Wer Siegel, Marken, Stempel oder Kennzeichen, die zu einem der in Artikel 179 und 180 angegebenen Zweck bestimmt sind und ausländischen Staaten gehören, nachmacht oder verfälscht oder diese nachgemachten oder verfälschten Siegel, Marken, Stempel oder Kennzeichen gebraucht, wird mit Zuchthaus bestraft.

Mit der gleichen Strafe wird bestraft,

wer die zur Herstellung ausländischen Geldes bestimmten Stempel, Prägestempel oder Quadratstempel nachmacht oder verfälscht; (Gesetz vom 12. Juli 1932, Artikel 1 Nr. 9)

wer Stempel, Matrizen, Klischees, Platten oder sonstige Gegenstände zur Herstellung von auf den Inhaber lautenden Noten, die von einem ausländischen Staat ausgegeben sind, oder von Banknoten, zu deren Ausgabe durch ein Gesetz eines ausländischen Staates oder eine dort Gesetzeskraft besitzende Vorschrift eine Ermächtigung erteilt worden ist, nachmacht oder verfälscht. (Gesetz vom 3. März 1953, Artikel 4)

Wer das Siegel, die Marke oder das Kennzeichen einer ausländischen Behörde nachmacht oder nachgemachte Siegel, Marken oder Kennzeichen gebraucht, wird mit Gefängnis von drei Monaten bis zu drei Jahren bestraft und kann zum Verlust von Rechten nach Maßgabe des Artikels 33 verurteilt werden. (Gesetz vom 22. Juni 1896, Artikel 1 § 2)

Der Versuch dieses Vergehens wird mit Gefängnis von einem Monat bis zu einem Jahr bestraft. (Gesetz vom 22. Juni 1896, Artikel 1 § 2)

Artikel 187

Mit Gefängnis von einem Monat bis zu zwei Jahren wird bestraft, wer sich unbefugterweise echte Siegel, Marken, Stempel oder Kennzeichen, die zu einem der in Artikel 179 und 180 angegebenen Zwecke bestimmt sind und ausländischen Staaten gehören, verschafft und diese in einer den Rechten und Interessen dieser Staaten, irgendeiner Behörde oder auch einer Privatperson nachteiligen Weise anwendet oder gebraucht. (Gesetz vom 22. Juni 1896, Artikel 2)

Der Versuch dieses Vergehens wird mit Gefängnis von acht Tagen bis zu sechs Wochen bestraft.

Artikel 187 a

Mit Gefängnis von acht Tagen bis zu einem Jahr wird bestraft,

wer nachgemachte oder verfälschte Stempel, Prägestempel oder Quadratstempel, die in Absatz 3 des Artikels 186 aufgeführt sind, oder die zur Herstellung ausländischen Geldes bestimmten echten Stempel, Prägestempel oder Quadratstempel in betrügerischer Absicht annimmt oder sich beschafft; (Gesetz vom 12. Juli 1932, Artikel 1 Nr. 10)

wer nachgemachte oder verfälschte Stempel, Matrizen, Klischees, Platten oder sonstige Gegenstände, die in Absatz 4 des Artikels 186 aufgeführt sind, oder echte Stempel, Matrizen, Klischees, Platten oder sonstige Gegenstände, die zur Herstellung von auf den Inhaber lautenden Noten, die von einem ausländischen Staat ausgegeben sind, oder von Banknoten bestimmt sind, zu deren Ausgabe durch ein Gesetz eines ausländischen Staates oder eine dort Gesetzeskraft besitzende Vorschrift eine Ermächtigung erteilt worden ist, in betrügerischer Absicht annimmt oder sich beschafft. (Gesetz vom 3. März 1953, Artikel 5)

Artikel 188

Mit Gefängnis von zwei Monaten bis zu drei Jahren wird bestraft und kann zum Verlust von Rechten nach Maßgabe des Artikels 33 verurteilt werden, wer Briefmarken oder andere inländische oder ausländische Klebemarken nachmacht oder nachgemachte Marken zum Verkauf ausstellt oder in den Verkehr bringt.

Der Versuch, sie nachzumachen, wird mit Gefängnis von einem Monat bis zu einem Jahr bestraft.

Artikel 189

Wer sich nachgemachte Briefmarken oder andere Klebemarken verschafft und davon Gebrauch macht, wird mit Gefängnis von acht Tagen bis zu einem Monat bestraft.

Artikel 190

Mit Geldstrafe von sechsundzwanzig Franken bis zu dreihundert Franken wird bestraft,

wer von einer Briefmarke oder anderen Klebemarke oder von einem Schein für den Personen- oder Gütertransport das Kennzeichen entfernt, das die erfolgte Benutzung anzeigt;

wer von einer Marke oder einem Schein nach Entfernung des Kennzeichens Gebrauch macht.

Artikel 191

Wer an fabrikmäßig hergestellten Gegenständen durch Beifügung, Beseitigung oder eine sonstige Änderung den Namen eines anderen Herstellers als des Erzeugers oder die Handelsbezeichnung einer anderen Fabrik als der Herstellungsfirma anbringt oder erscheinen läßt, wird mit Gefängnis von einem Monat bis zu sechs Monaten bestraft.

Die gleiche Strafe wird gegen jeden Kaufmann, Kommissionär oder Kleinhändler verhängt, der wissentlich Gegenstände, die mit falschen oder verfälschten Namen gekennzeichnet sind, zum Verkauf ausstellt oder in den Verkehr bringt.

Gemeinsame Bestimmung für die drei vorhergehenden Kapitel

Artikel 192

Wer einer der in den Artikeln 160 bis 168, 169 Absatz 2, 171 bis 176, 177 Absatz 2, in den beiden letzten Absätzen von Artikel 180, in Artikel 185 a, 186 Absätze 2 bis 4, 187 a, 497 Absatz 2 und 497 a Absatz 1 erwähnten strafbaren Handlungen schuldig ist, bleibt straffrei, wenn er vor der Verbreitung von nachgemachtem oder verfälschtem Geld oder von nachgemachten oder verfälschten Papieren und vor der Strafverfolgung der Behörde davon Kenntnis gibt und die Täter namhaft macht.

(Gesetz vom 12. Juli 1932, Artikel 1 Nr. 11)

KAPITEL IV

Von den Urkunden- und Telegrammfälschungen

Artikel 193

Die in betrügerischer Absicht oder in Schädigungsabsicht begangene Fälschung von Urkunden oder Telegrammen wird nach Maßgabe der folgenden Artikel bestraft.

Abschnitt I

Von den Fälschungen öffentlicher Urkunden, Handels- oder Bankurkunden und Privaturkunden

Artikel 194

Jeder öffentliche Bedienstete oder Beamte, der in Ausübung seines Amtes eine Fälschung begeht

durch Fälschung von Unterschriften,

durch Verfälschung von Urkunden, Schriftstücken oder Unterschriften,

durch Unterschiebung von Personen,

durch Eintragungen oder Zusätze in Registern oder anderen öffentlichen Urkunden nach deren Fertigstellung oder Abschluß,

wird mit Zwangsarbeit von zehn Jahren bis zu fünfzehn Jahren bestraft.

Artikel 195

Mit Zwangsarbeit von zehn Jahren bis zu fünfzehn Jahren wird jeder öffentliche Bedienstete oder Beamte bestraft, der bei Errichtung von in seine Zuständigkeit fallenden Urkunden deren wesentlichen Inhalt oder Begleitumstände entstellt,

indem er andere Vertragsabmachungen aufschreibt als diejenigen, die von den Parteien angegeben oder diktiert worden sind,

oder indem er unwahre Tatsachen als wahr bescheinigt.

Artikel 196

Mit Zuchthaus wird jede sonstige Person bestraft, die eine Fälschung öffentlicher Urkunden begeht, und jede Person, die eine Fälschung von Handels-, Bank- oder privaten Urkunden begeht

durch falsche Unterschriften,

durch Nachmachen oder Verfälschen von Urkunden oder Unterschriften,
durch Herstellung von Verträgen, Bestimmungen, Schuldscheinen oder Entlastungserklärungen oder durch ihre nachträgliche Einfügung in Urkunden,
durch Ergänzung oder Verfälschung von Klauseln, Erklärungen oder Tatsachen, deren Annahme oder Bestätigung diese Urkunden zum Gegenstand haben.

Artikel 197

In allen im vorliegenden Abschnitt aufgeführten Fällen wird derjenige, der von der gefälschten Urkunde oder dem gefälschten Schriftstück Gebrauch macht, so bestraft, als ob er der Täter der Fälschung sei.

Abschnitt II

Von den Fälschungen von Pässen, Waffenscheinen, Ausweisen, Marschrouten und Zeugnissen

Artikel 198

Wer einen Paß, einen Waffenschein oder einen Ausweis nachmacht oder verfälscht oder wer von einem nachgemachten oder verfälschten Paß, Waffenschein oder Ausweis Gebrauch macht, wird mit Gefängnis von einem Monat bis zu einem Jahr bestraft.

Artikel 199

Wer in einem Paß, einem Waffenschein oder einem Ausweis einen falschen Namen annimmt oder wer als Zeuge bei der Ausstellung dieser Papiere auf den falschen Namen mitwirkt, wird mit Gefängnis von acht Tagen bis zu sechs Monaten bestraft.

Artikel 200

Mit Gefängnis von einem Monat bis zu zwei Jahren wird bestraft, wer eine Marschroute fälschlich herstellt, nachmacht oder verfälscht oder wer von einer fälschlich hergestellten, nachgemachten oder verfälschten Marschroute Gebrauch macht.

Artikel 201

Wer sich von dem öffentlichen Beamten eine Marschroute unter einem falschen Namen oder unter Vorgabe einer falschen Eigenschaft ausstellen läßt, wird mit Gefängnis von acht Tagen bis zu zwei Jahren bestraft.

Artikel 202

Der öffentliche Beamte, der einen Paß, einen Waffenschein, einen Ausweis oder eine Marschroute für eine ihm unbekannte Person ausstellt, ohne sich ihren Namen und ihre Eigenschaft durch zwei ihm bekannte Bürger bestätigen zu lassen, wird mit einer Geldstrafe von sechsundzwanzig Franken bis zu zweihundert Franken bestraft.

Ist dem öffentlichen Beamten bei Ausstellung dieser Schriftstücke bekannt, daß der Name oder die Eigenschaft falsch ist, so wird er mit Gefängnis von sechs Monaten bis zu drei Jahren bestraft.

Er wird mit Gefängnis von einem Jahr bis zu fünf Jahren bestraft, wenn er sich durch Geschenke oder Versprechungen bestimmen läßt.

In den beiden letzten Fällen kann er außerdem zum Verlust von Rechten nach Maßgabe des Artikels 33 verurteilt werden.

Artikel 203

Mit Gefängnis von acht Tagen bis zu einem Jahr wird bestraft, wer, um sich oder einen anderen von einer gesetzlichen Dienstpflicht oder irgendeiner anderen durch Gesetz auferlegten Verpflichtung zu befreien, unter dem Namen eines Arztes, Chirurgen oder sonstigen Sanitätsbeamten oder unter irgendeinem Namen, wobei er sich eine dieser Eigenschaften fälschlich beigelegt hat, ein Krankheits- oder Gebrechlichkeitszeugnis ausstellt.

Artikel 204

Jeder Arzt, Chirurg oder sonstige Sanitätsbeamte, der, um jemanden zu begünstigen, fälschlich Krankheiten oder Gebrechlichkeiten bescheinigt, die geeignet sind, von einer gesetzlichen Dienstpflicht oder einer anderen durch Gesetz auferlegten Verpflichtung zu befreien, wird mit Gefängnis von acht Tagen bis zu zwei Jahren bestraft.

Läßt er sich durch Geschenke oder Versprechungen bestimmen, so wird er mit Gefängnis von einem Jahr bis zu fünf Jahren bestraft; darüber hinaus kann er zum Verlust von Rechten nach Maßgabe des Artikels 33 verurteilt werden.

Artikel 205

Wer unter dem Namen eines öffentlichen Bediensteten oder Beamten ein Zeugnis herstellt, in dem die gute Führung, die Bedürftigkeit oder irgendein anderer Umstand bescheinigt wird, der geeignet ist, das Wohlwollen der öffentlichen Behörde oder von Privatpersonen auf die in dem Zeugnis bezeichnete Person zu lenken oder dieser Person eine Stelle, Kredit oder Unterstützung zu verschaffen, wird mit Gefängnis von einem Monat bis zu einem Jahr bestraft.

Wird das Zeugnis unter dem Namen einer Privatperson hergestellt, so wird der Schuldige mit Gefängnis von acht Tagen bis zu sechs Monaten bestraft.

Artikel 206

Wer unter dem Namen eines öffentlichen Bediensteten oder Beamten Zeugnisse beliebiger Art fälschlich herstellt, die öffentliche oder private Interessen gefährden können, wird mit Gefängnis von sechs Monaten bis zu fünf Jahren bestraft und kann darüber hinaus zum Verlust von Rechten nach Maßgabe des Artikels 33 verurteilt werden.

Wird das Zeugnis unter dem Namen einer Privatperson hergestellt, so wird der Schuldige mit Gefängnis von zwei Monaten bis zu einem Jahr bestraft.

Artikel 207

Wer ein Zeugnis verfälscht und wer sich eines verfälschten oder falschen Zeugnisses bedient oder eines Zeugnisses, das unter den in den Artikeln 203, 204, 205 und 206 aufgezählten Umständen hergestellt worden ist, wird mit den in diesen Artikeln angedrohten Strafen unter Berücksichtigung der dort festgelegten Unterscheidungen bestraft.

Artikel 208

Jeder öffentliche Bedienstete oder Beamte, der in der Ausübung seines Amtes ein falsches Zeugnis erteilt, ein Zeugnis verfälscht oder von einem falschen oder verfälschten Zeugnis Gebrauch macht, wird mit Zuchthaus bestraft.

Artikel 209

Wer als Zeuge dabei mitwirkt, daß sich jemand ein falsches Zeugnis durch eine öffentliche Behörde ausstellen läßt, wird mit Gefängnis von acht Tagen bis zu zwei Jahren bestraft.

Läßt er sich durch Geschenke oder Versprechungen bestechen, so wird er mit Gefängnis von sechs Monaten bis zu drei Jahren bestraft und kann zum Verlust von Rechten nach Maßgabe des Artikels 33 verurteilt werden.

Artikel 210

Der Zimmervermieter oder Gastwirt, der wissentlich die bei ihm wohnenden Personen unter falschen oder vorgeschobenen Namen in sein Register einträgt oder sein Register auf irgendeine andere Weise verfälscht, wird mit Gefängnis von acht Tagen bis zu drei Monaten bestraft.

Abschnitt III
Von den Telegrammfälschungen

Artikel 211

Der Bedienstete, Angestellte oder Beauftragte eines Telegrafenamtes, der in Ausübung seines Amtes eine Fälschung begeht, indem er Telegramme fälschlich herstellt oder verfälscht, wird mit Gefängnis von einem Jahr bis zu fünf Jahren bestraft.

Artikel 212

Wer von dem falschen Telegramm Gebrauch macht, wird bestraft, als ob er der Täter der Fälschung wäre.

Gemeinsame Bestimmungen für die vier vorhergehenden Kapitel

Artikel 213

Die gegen denjenigen angedrohten Strafen, der von nachgemachten, fälschlich hergestellten oder verfälschten Geldern, Wertpapieren, Scheinen, Noten, Siegeln, Marken, Stempeln, Kennzeichen, Telegrammen und Schriftstücken Gebrauch macht, finden nur Anwendung, wenn diese Person von der falschen Sache in betrügerischer Absicht oder in Schädigungsabsicht Gebrauch macht.

Artikel 214

In den in den vorhergehenden vier Kapiteln aufgeführten Fällen wird, sofern keine besondere Geldstrafe angedroht ist, eine Geldstrafe von sechsundzwanzig Franken bis zu zweitausend Franken verhängt.

KAPITEL V
Von dem falschen Zeugnis und dem Meineid[1])

Artikel 215

Das falsche Zeugnis in Verbrechenssachen zum Nachteil des Angeklagten oder zu seinen Gunsten wird mit Zuchthaus bestraft.

---

[1]) Die Ausdrücke „faux témoignage" und „faux serment" haben im belgischen Strafrecht eine besondere Bedeutung. Als „falsches Zeugnis" wird die in der Rechtssache eines anderen vor Gericht unter Eid abgegebene wahrheitswidrige Aussage bezeichnet. Wesentliche Voraussetzung der Strafbarkeit ist der Eid. Von einem „Meineid" wird nur gesprochen, wenn es sich um einen zu- oder zurückgeschobenen Eid einer Partei oder einen einer Partei vom Richter auferlegten Eid in einer Zivilsache handelt.

Artikel 216

Ist der Angeklagte zu Festungshaft von mehr als zehn Jahren oder zu Zwangsarbeit verurteilt worden, so wird gegen den Zeugen, der zu seinem Nachteil falsch ausgesagt hat, Zwangsarbeit von zehn Jahren bis zu fünfzehn Jahren verhängt.

Lebenslängliche Zwangsarbeit wird gegen ihn verhängt, wenn der Angeklagte zum Tode verurteilt worden ist.

Artikel 217

Die in den beiden vorhergehenden Artikeln angedrohten Strafen werden nach Maßgabe des Artikels 80 um einen Grad herabgesetzt, wenn die Person, die vor Gericht geladen ist, um einfache Auskünfte zu erteilen, sich des falschen Zeugnisses zum Nachteil des Angeklagten oder zu seinen Gunsten schuldig gemacht hat.

Artikel 218

Wer sich in einer Besserungssache des falschen Zeugnisses zum Nachteil des Angeklagten oder zu seinen Gunsten schuldig macht, wird mit Gefängnis von sechs Monaten bis zu fünf Jahren bestraft.

Artikel 219

Wer sich in einer Polizeisache des falschen Zeugnisses zum Nachteil des Angeklagten oder zu seinen Gunsten schuldig macht, wird mit Gefängnis von drei Monaten bis zu einem Jahr bestraft.

Artikel 220

Das falsche Zeugnis in Zivilsachen wird mit Gefängnis von zwei Monaten bis zu drei Jahren bestraft.

Artikel 221

Der Dolmetscher und der Sachverständige, die sich in Verbrechenssachen, in Besserungssachen oder in Polizeisachen zum Nachteil des Angeklagten oder zu seinen Gunsten oder in einer Zivilsache falscher Erklärungen schuldig machen, werden wie falsch aussagende Zeugen nach Maßgabe der Artikel 215, 216, 218, 219 und 220 bestraft.

Der Sachverständige, der in einer Verbrechenssache ohne Vereidigung gehört worden ist, wird nach Maßgabe des Artikels 217 bestraft.

Artikel 222

In den in den vorhergehenden fünf Artikeln aufgeführten Fällen kann der Schuldige darüber hinaus zum Verlust von Rechten nach Maßgabe des Artikels 33 verurteilt werden.

Artikel 223

Wer sich der Verleitung von Zeugen, Sachverständigen oder Dolmetschern zur Falschaussage schuldig macht, unterliegt unter Berücksichtigung der in den Artikeln 215 bis 222 festgelegten Unterscheidungen den gleichen Strafen wie der falsch aussagende Zeuge.

Artikel 224

Nimmt derjenige, der sich des falschen Zeugnisses oder der falschen Erklärung schuldig macht, Geld, eine Belohnung oder Versprechungen an, so wird er darüber hinaus zu Geldstrafe von fünfzig Franken bis zu dreitausend Franken verurteilt.

Die gleiche Strafe wird — unbeschadet der sonstigen Strafen — auf denjenigen angewendet, der ihn dazu verleitet.

Artikel 225

Die vorhergehenden Bestimmungen über die Abgabe falscher Erklärungen finden keine Anwendung auf Kinder unter sechzehn Jahren noch auf Personen, die auf Grund ihrer Verwandtschaft oder Verschwägerung mit dem Angeklagten oder dem Beschuldigten ohne Vereidigung gehört werden, wenn diese Erklärungen zugunsten des Angeklagten oder des Beschuldigten abgegeben werden.

Artikel 226

Leistet derjenige, dem in einer Zivilsache der Eid zugeschoben oder an den er zurückgeschoben worden ist, einen Meineid, so wird er mit Gefängnis von sechs Monaten bis zu drei Jahren und mit Geldstrafe von sechsundzwanzig Franken bis zu zehntausend Franken bestraft; darüber hinaus kann er zum Verlust von Rechten nach Maßgabe des Artikels 33 verurteilt werden.

KAPITEL VI

Von der Amtsanmaßung und dem unbefugten Führen von Titeln oder Namen

Artikel 227

Wer sich in zivile oder militärische öffentliche Aufgaben einmischt, wird mit Gefängnis von einem Monat bis zu zwei Jahren bestraft.

Artikel 227 a

§ 1. Wer öffentlich den Titel oder Dienstgrad eines Offiziers der belgischen Armee oder der öffentlichen Gewalt der Kolonie führt, der ihm nicht rechtmäßig verliehen worden ist, wird mit Geldstrafe von zweihundert Franken bis zu eintausend Franken bestraft.

§ 2. Mit Geldstrafe von einhundert Franken bis zu fünfhundert Franken wird bestraft, wer als Reserveoffizier, pensionierter Offizier oder als Offizier und Reserveoffizier mit einem Ehrendienstgrad öffentlich den Offizierstitel oder seinen Dienstgrad ohne — je nach Lage des Falles — den Zusatz „der Reserve", „a. D.", „ehrenhalber" oder „der Reserve ehrenhalber" führt.

(Gesetz vom 7. Mai 1947)

Artikel 228

Wer öffentlich eine ihm nicht zustehende Amtskleidung oder Uniform oder ein ihm nicht zustehendes Ehrenzeichen, Ordensband oder sonstiges Zeichen eines Ordens trägt, wird mit Geldstrafe von zweihundert Franken bis zu eintausend Franken bestraft.

Artikel 229

Der Belgier, der das Ehrenzeichen, das Ordensband oder sonstige Zeichen eines ausländischen Ordens öffentlich trägt, bevor er die Genehmigung des Königs dazu erhalten hat, wird mit Geldstrafe von fünfzig Franken bis zu fünfhundert Franken bestraft.

Artikel 230

Mit Geldstrafe von zweihundert Franken bis zu eintausend Franken wird bestraft, wer öffentlich Adelstitel, die ihm nicht zustehen, führt.

Artikel 231

Wer öffentlich einen Namen annimmt, der ihm nicht zusteht, wird mit Gefängnis von acht Tagen bis zu drei Monaten und mit Geldstrafe von fünfundzwanzig Franken bis zu dreihundert Franken oder mit einer der beiden Strafen allein bestraft.

Artikel 232

Jeder öffentliche Bedienstete, jeder Beamte, der in seinen Urkunden den darin bezeichneten Personen Adelsnamen oder -titel beilegt, die ihnen nicht zustehen, wird, wenn dies im Einverständnis mit ihnen geschieht, mit Geldstrafe von zweihundert Franken bis zu eintausend Franken bestraft.

Teil IV

Von den Verbrechen und Vergehen gegen die öffentliche Ordnung, die von öffentlichen Bediensteten in Ausübung ihrer Tätigkeit oder von Geistlichen in Ausübung ihres geistlichen Amtes begangen werden

KAPITEL I

Von der Vereinigung der öffentlichen Bediensteten

Artikel 233

Werden in einer Versammlung von Einzelpersonen oder eines Berufsverbandes eines Teils der Behörden, durch Abgeordnete oder durch Schriftwechsel untereinander Maßnahmen verabredet, die den Gesetzen oder Königlichen Verordnungen zuwiderlaufen, so werden die Schuldigen mit Gefängnis von einem Monat bis zu sechs Monaten bestraft.

Artikel 234

Werden durch eines der in dem vorhergehenden Artikel genannten Mittel Maßnahmen gegen die Ausführung eines Gesetzes oder einer Königlichen Verordnung verabredet, so beträgt die Strafe Gefängnis von sechs Monaten bis zu fünf Jahren.

Die Schuldigen können außerdem zum Verlust der in den ersten drei Nummern des Artikels 31 erwähnten Rechte verurteilt werden.

Wird die Verabredung zwischen den zivilen Behörden und den Militärkorps oder deren Chefs getroffen, so werden diejenigen, die die Verabredung herbeigeführt haben, mit Festungshaft von zehn Jahren bis zu fünfzehn Jahren bestraft, die anderen mit Festungshaft von fünf Jahren bis zu zehn Jahren.

Artikel 235

Zetteln die zivilen Behörden mit den Militärkorps oder deren Chefs eine Verschwörung gegen die Sicherheit des Staates an, so werden die Rädelsführer mit außergewöhnlicher Festungshaft, die anderen mit Festungshaft von zehn Jahren bis zu fünfzehn Jahren bestraft.

Artikel 236

Mit Gefängnis von einem Monat bis zu zwei Jahren und mit Geldstrafe von einhundert Franken bis zu fünfhundert Franken wird der öffentliche Bedienstete bestraft,

der infolge einer Verabredung sein Amt niederlegt, um die Rechtspflege oder die Ausübung einer gesetzlich festgelegten Dienstverrichtung zu verhindern oder zum Stillstand zu bringen.

Er kann außerdem zum Verlust des Rechts zur Bekleidung öffentlicher Ämter verurteilt werden.

KAPITEL II

Von den Übergriffen der Verwaltungs- und Justizbehörden

Artikel 237

Der Richter, der Beamte der Staatsanwaltschaft oder der Beamte der Gerichtspolizei, der durch eine Verfügung, die gesetzgeberische Bestimmungen enthält, oder durch Einstellung oder Aufschub der Vollstreckung eines oder mehrerer Gesetze oder, indem er mit anderen darüber berät, ob diese Gesetze auszuführen sind, sich in die Ausübung der gesetzgebenden Gewalt einmischt;

der Richter, der Beamte der Staatsanwaltschaft oder der Beamte der Gerichtspolizei, der seine Befugnisse dadurch überschreitet, daß er sich in die den Verwaltungsbehörden übertragenen Aufgaben einmischt, indem er Verfügungen auf diesen Gebieten ergehen läßt oder die Ausführung der von der Verwaltung erlassenen Befehle verbietet,

wird mit Gefängnis von einem Monat bis zu zwei Jahren und mit Geldstrafe von fünfzig Franken bis zu fünfhundert Franken bestraft und kann zum Verlust der in den ersten drei Nummern des Artikels 31 erwähnten Rechte für die Dauer von fünf Jahren bis zu zehn Jahren verurteilt werden.

Artikel 238

Erlassen Richter in einem Verfahren, in dem die Verwaltungsbehörde vor ihnen als Prozeßbevollmächtigter auftritt, ein Sachurteil, obwohl der Rechtsstreit von dieser Behörde rechtmäßig eingeleitet worden und eine Entscheidung des Kassationsgerichts noch nicht ergangen ist, so wird jeder von ihnen mit Geldstrafe von sechsundzwanzig Franken bis zu fünfhundert Franken bestraft.

Der Beamte der Staatsanwaltschaft, der für das erwähnte Urteil Anträge oder Schlußanträge stellt, wird mit der gleichen Strafe bestraft.

Artikel 239

Der Gouverneur, Kreiskommissar, Bürgermeister oder der Verwaltungsangehörige, der sich in der in Artikel 237 Absatz 2 erwähnten Weise in die Ausübung der gesetzgebenden Gewalt einmischt oder sich anmaßt, Verordnungen zu erlassen, die darauf hinzielen, den Gerichten Befehle oder Verbote zu erteilen, wird mit Gefängnis von einem Monat bis zu zwei Jahren und mit Geldstrafe von fünfzig Franken bis zu fünfhundert Franken bestraft.

Er kann darüber hinaus zum Verlust der in den ersten drei Nummern des Artikels 31 erwähnten Rechte für die Dauer von fünf Jahren bis zu zehn Jahren verurteilt werden.

KAPITEL III

Von den Amtsunterschlagungen und von den Veruntreuungen, die von öffentlichen Bediensteten begangen werden

Artikel 240

Mit Zuchthaus wird jeder öffentliche Bedienstete oder Beamte und jeder mit einer öffentlichen Dienstleistung Beauftragte bestraft, der öffentliche oder private Gelder, an deren Stelle befindliche Wertpapiere, Schriftstücke, Papiere, Urkunden oder bewegliche Güter, die kraft oder auf Grund seines Auftrags in seinem Gewahrsam sind, unterschlägt.

Übersteigt die Unterschlagung nicht die Sicherheitsleistung, so wird der Schuldige mit Gefängnis von einem Monat bis zu sechs Monaten bestraft.

Artikel 241

Mit Zuchthaus wird jeder öffentliche Bedienstete oder Beamte und jeder mit einer öffentlichen Dienstleistung Beauftragte bestraft, der böswillig oder in betrügerischer Weise Urkunden oder Papiere, die er in amtlicher Eigenschaft aufbewahrt hat oder die ihm auf Grund seines Auftrags übergeben worden sind, zerstört oder beseitigt.

Artikel 242

Werden strafrechtliche Schriftstücke oder Verfahrensunterlagen oder andere Papiere, Register, Urkunden oder Wertpapiere, die in Archiven, in Geschäftsstellen oder an öffentlichen Verwahrungsorten aufbewahrt werden oder einem öffentlichen Verwahrer in dieser Eigenschaft ausgehändigt worden sind, unterschlagen oder zerstört, so wird der Verwahrer, der der Fahrlässigkeit schuldig ist, mit Gefängnis von acht Tagen bis zu sechs Monaten bestraft.

Artikel 243

Jeder öffentliche Bedienstete oder Beamte und jeder mit einer öffentlichen Dienstleistung Beauftragte, der sich der Veruntreuung dadurch schuldig macht, daß er die Einziehung von Beträgen anordnet oder Beträge fordert oder annimmt, von denen er weiß, daß sie nicht fällig sind oder daß sie die für Gebühren, Steuern, Beiträge, öffentliche Gelder, Einkünfte oder Zinsen, für Löhne oder Gehälter fälligen Beträge übersteigen, wird mit Gefängnis von sechs Monaten bis zu fünf Jahren bestraft; außerdem kann er zum Verlust des Rechts, eine Tätigkeit als öffentlicher Bediensteter, Angestellter oder Beamter auszuüben, verurteilt werden.

Die Strafe ist Zuchthaus, wenn die Veruntreuung mit Hilfe von Gewalt oder Drohungen begangen wird.

Artikel 244

Die in diesem Kapitel aufgeführten strafbaren Handlungen werden außerdem mit Geldstrafe von fünfzig Franken bis zu eintausend Franken bestraft.

Diese Strafen finden auf den Angestellten oder Gehilfen des öffentlichen Bediensteten oder Beamten und jeden mit einer öffentlichen Dienstleistung Beauftragten nach den vorstehend festgelegten Unterscheidungsmerkmalen Anwendung.

Besondere Bestimmung

Artikel 245

Jeder öffentliche Bedienstete oder Beamte und jeder mit einer öffentlichen Dienstleistung Beauftragte, der unmittelbar oder durch Vorschieben von Personen oder durch vorgetäuschte Handlungen sich irgendeinen Vorteil bei Verwaltungsmaßnahmen, Vergebungen von Arbeiten, bei Unternehmungen oder Regiebetrieben, die er im Zeitpunkt der Tätigkeit ganz oder teilweise verwaltet oder beaufsichtigt, verschafft oder erhält, oder der, mit der Anweisung der Bezahlung oder der Abwicklung eines Geschäfts beauftragt, sich daraus irgendeinen Vorteil verschafft, wird mit Gefängnis von drei Monaten bis zu zwei Jahren und mit Geldstrafe von fünfzig Franken bis zu dreitausend Franken bestraft; außerdem kann er nach Maßgabe des Artikels 33 zum Verlust des Rechts, eine Tätigkeit als öffentlicher Bediensteter, Angestellter oder Beamter auszuüben, verurteilt werden.

Die vorstehende Bestimmung findet keine Anwendung auf denjenigen, der auf Grund der Umstände seine Privatinteressen durch seine Stellung nicht begünstigen konnte und offen gehandelt hat.

KAPITEL IV

Von der Bestechung öffentlicher Bediensteter

Artikel 246

Jeder öffentliche Bedienstete oder Beamte und jeder mit einer öffentlichen Dienstleistung Beauftragte, der für eine in seine Tätigkeit oder sein Amt einschlagende pflichtgemäße, aber nicht gebührenpflichtige Handlung Angebote oder Versprechungen zuläßt oder Gaben oder Geschenke annimmt, wird mit Gefängnis von acht Tagen bis zu sechs Monaten und mit Geldstrafe von sechsundzwanzig Franken bis zu fünfhundert Franken bestraft.

Er wird mit Gefängnis von einem Monat bis zu einem Jahr und mit Geldstrafe von fünfzig Franken bis zu eintausend Franken bestraft, wenn er bei Ausübung seiner Tätigkeit oder seines Amtes für eine pflichtwidrige Handlung oder die Unterlassung einer zu ihrem Pflichtenbereich gehörenden Handlung Angebote oder Versprechungen zuläßt oder Gaben oder Geschenke annimmt; er kann außerdem nach Maßgabe des Artikels 33 zum Verlust des Rechts, eine Tätigkeit als öffentlicher Bediensteter, Angestellter oder Beamter auszuüben, verurteilt werden.

Artikel 247

Jeder öffentliche Bedienstete oder Beamte und jeder mit einer öffentlichen Dienstleistung Beauftragte, der infolge der Zulassung von Angeboten oder Versprechungen oder der Annahme von Gaben oder Geschenken in Ausführung seines Auftrags eine pflichtwidrige Handlung vornimmt oder eine zu seinem Pflichtenbereich gehörende Handlung unterläßt, wird mit Gefängnis von drei Monaten bis zu drei Jahren und mit Geldstrafe von einhundert Franken bis zu dreitausend Franken bestraft. Er kann außerdem zum Verlust von Rechten nach Maßgabe des Artikels 33 verurteilt werden.

Artikel 248

Der Schuldige wird zu Gefängnis von einem Jahr bis zu fünf Jahren, zu Geldstrafe von zweihundert Franken bis zu fünftausend Franken und zum Verlust von Rechten nach Maßgabe des Artikels 33 verurteilt, wenn er Angebote oder Versprechungen zuläßt oder Gaben oder Geschenke annimmt, um in Ausführung seines Auftrags ein Verbrechen oder Vergehen zu begehen.

Artikel 249

Läßt sich ein Richter, ein Schiedsrichter oder ein Arbeitsrichter bestechen, so werden der erstere mit Zwangsarbeit von zehn Jahren bis zu fünfzehn Jahren und die beiden anderen mit Gefängnis von einem Jahr bis zu fünf Jahren und mit Verlust von Rechten nach Maßgabe des Artikels 33 bestraft.

Artikel 250

Der Geschworene, der sich bestechen läßt, wird mit Zuchthaus bestraft.

Artikel 251

Hat der bestochene Richter, Schiedsrichter, Arbeitsrichter oder Geschworene Geld, irgendeine Belohnung oder Versprechungen angenommen, so wird er außer zu den vorerwähnten Strafen zu Geldstrafe von zweihundert Franken bis zu fünftausend Franken verurteilt.

Artikel 252

Wer durch Anwendung von Gewalt oder Drohungen einen öffentlichen Bediensteten, einen Beamten, einen mit einer öffentlichen Dienstleistung Beauftragten, einen Geschworenen, Schiedsrichter oder Arbeitsrichter zwingt oder mit Versprechungen, Angeboten, Gaben oder Geschenken besticht, um eine in seine Tätigkeit oder sein Amt einschlagende pflichtgemäße, aber nicht gebührenpflichtige Handlung oder die Unterlassung einer zu seinem Pflichtenbereich gehörenden Handlung zu erreichen, wird mit den gleichen Strafen bestraft wie der öffentliche Bedienstete, Beamte, Geschworene, Schiedsrichter oder Arbeitsrichter, der der passiven Bestechung schuldig ist.

Der Versuch, Zwang anzuwenden oder zu bestechen, wird mit Gefängnis von acht Tagen bis zu einem Jahr und mit Geldstrafe von sechsundzwanzig Franken bis zu fünfhundert Franken bestraft.

Artikel 253

Demjenigen, der die Bestechung begeht, werden weder die von ihm gelieferten Sachen noch ihr Gegenwert jemals zurückerstattet; sie werden eingezogen und der Gemeinde, in der das Vergehen begangen worden ist, mit der Auflage zur Verfügung gestellt, sie *den Armenhäusern oder der Wohltätigkeitsorganisation*[1]) je nach den Bedürfnissen dieser Einrichtungen zu übergeben.

---

[1]) Die amtliche Wohltätigkeitsorganisation ist auf Grund des Gesetzes vom 10. März 1925 betr. die öffentliche Fürsorge durch die Fürsorgekommission ersetzt worden.

Zweites Buch

KAPITEL V

Vom Amtsmißbrauch

Artikel 254

Mit Gefängnis von einem Jahr bis zu fünf Jahren wird jeder öffentliche Bedienstete, Vertreter oder leitende Angestellte der Regierung, gleich welchen Standes oder Dienstgrades, bestraft, der Maßnahmen oder die Anwendung der öffentlichen Gewalt gegen die Vollstreckung eines Gesetzes oder einer Königlichen Verordnung oder gegen die Erhebung einer gesetzlich festgesetzten Steuer oder gegen die Ausführung einer gerichtlichen Anordnung oder eines gerichtlichen oder sonstigen behördlichen Befehls fordert oder anordnet oder fordern oder anordnen läßt.

Der Schuldige kann außerdem zum Verlust der in den ersten drei Nummern des Artikels 31 erwähnten Rechte verurteilt werden.

Artikel 255

Hat diese Forderung oder diese Anordnung Erfolg, so wird der Schuldige zu Festungshaft von fünf Jahren bis zu zehn Jahren verurteilt.

Artikel 256

Verursachen die Anordnungen oder Forderungen unmittelbar andere Verbrechen, für die schwerere Strafen als die in den Artikeln 254 und 255 genannten angedroht sind, so finden diese schwereren Strafen auf den öffentlichen Bediensteten, Vertreter oder leitenden Angestellten Anwendung, der schuldig ist, die genannten Anordnungen gegeben oder die genannten Forderungen gestellt zu haben.

Die Todesstrafe wird jedoch in diesem Fall durch lebenslängliche Zwangsarbeit ersetzt.

Artikel 257

Wendet ein öffentlicher Bediensteter oder Beamter, ein Verwalter, Vertreter oder leitender Angestellter der Regierung oder der Polizei, ein Vollstreckungsbeamter für gerichtliche Befehle oder Urteile oder ein Befehlshaber oder Unterbefehlshaber der öffentlichen Gewalt in Ausübung oder anläßlich der Ausübung seines Dienstes ohne gesetzlichen Grund gegenüber Personen Gewalt an oder läßt sie anwenden, so wird die für diese Straftaten angedrohte Mindeststrafe entsprechend Artikel 266 erhöht.

Artikel 258

Jeder Richter, Verwalter oder Angehörige der Verwaltung, der unter irgendeinem Vorwand — auch dem des Schweigens oder der Unklarheit des Gesetzes — den Parteien die ihnen zustehende Entscheidung in einer Rechtssache verweigert, wird mit Geldstrafe von zweihundert Franken bis zu fünfhundert Franken bestraft; außerdem kann er zum Verlust des Rechts, eine Tätigkeit als öffentlicher Bediensteter, Angestellter oder Beamter auszuüben, verurteilt werden.

Artikel 259

Jeder Befehlshaber, Offizier oder Unteroffizier der öffentlichen Gewalt, der auf die rechtmäßige Aufforderung der Zivilbehörde hin sich weigert, die unter seinem Befehl stehende Streitmacht einzusetzen, wird mit Gefängnis von fünfzehn Tagen bis zu drei Monaten bestraft.

Gemeinsame Bestimmung für die vorhergehenden Kapitel

Artikel 260

Hat ein öffentlicher Bediensteter oder Beamter, ein Bevollmächtigter oder Vertreter der öffentlichen Gewalt eine einem Gesetz oder einer Königlichen Verordnung zuwiderlaufende Handlung angeordnet oder begangen und weist er nach, daß er auf Befehl seiner Vorgesetzten in Sachen, die in deren Zuständigkeit fallen und in denen er ihnen Gehorsam schuldete, gehandelt hat, so wird er von der Strafe befreit, die in diesem Fall nur auf die Vorgesetzten, die den Befehl gegeben haben, angewendet wird.

KAPITEL VI

Von der rechtswidrig vorweggenommenen oder verlängerten Amtsgewalt

Artikel 261

Jeder öffentliche Bedienstete, der seine Amtstätigkeit ausübt, ohne den vom Gesetz vorgeschriebenen Eid geleistet zu haben, wird zu Geldstrafe von sechsundzwanzig Franken bis zu fünfhundert Franken verurteilt.

Artikel 262

Jeder rechtmäßig abberufene, abgesetzte, vorläufig seines Dienstes enthobene oder entlassene öffentliche Bedienstete, der, nachdem er von dieser Tatsache amtlich Kenntnis erhalten hat, seine Amtstätigkeit weiterhin ausübt, wird mit Gefängnis von acht Tagen bis zu einem Jahr und mit Geldstrafe von sechsundzwanzig Franken bis zu fünfhundert Franken bestraft.

Mit den gleichen Strafen wird jeder öffentliche gewählte Bedienstete oder Bedienstete auf Zeit bestraft, der seine Amtstätigkeit nach rechtmäßigem Ablauf der Amtszeit weiterhin ausübt.

KAPITEL VII

Von einigen Vergehen im Hinblick auf die Führung der Personenstandsurkunden

Artikel 263

Der Standesbeamte, der seine Amtshandlungen auf einfachen, einzelnen Blättern vermerkt, wird mit Gefängnis von acht Tagen bis zu drei Monaten und mit Geldstrafe von fünfzig Franken bis zu dreihundert Franken bestraft.

Artikel 264

Mit Geldstrafe von sechsundzwanzig Franken bis zu fünfhundert Franken wird der Standesbeamte bestraft, der es unterläßt, in der Heiratsurkunde die Zustimmungserklärungen aufzuführen oder darin die zur Erlangung des Ehekonsenses gesetzlich vorgeschriebenen Urkunden einzutragen;

der eine Trauung vornimmt, ohne sich über das Vorliegen dieser Zustimmungserklärungen oder der zur Erlangung des Ehekonsenses vorgeschriebenen Urkunden vergewissert zu haben;

der im Falle des Artikels 228 des Zivilgesetzbuchs und vor dem in diesem Artikel vorgeschriebenen Zeitpunkt eine Heiratsurkunde errichtet.

Wer das Aufgebot oder die Eheschließung vornimmt, ohne den Nachweis zu fordern, daß der zukünftige Ehegatte den Gesetzen über die nationale Miliz Genüge geleistet hat. (Gesetz vom 15. Juni 1951, Artikel 100)

Artikel 265

Mit Gefängnis von drei Monaten bis zu einem Jahr und mit Geldstrafe von fünfzig Franken bis zu fünfhundert Franken wird der Standesbeamte bestraft, der gegen den Willen der Personen, deren Zustimmung erforderlich ist, eine Trauung vornimmt.

Besondere Bestimmung

Artikel 266

Mit Ausnahme des Falles, in dem das Gesetz die für von öffentlichen Bediensteten oder Beamten begangenen Verbrechen oder Vergehen verwirkten Strafen besonders regelt, wird derjenige unter ihnen, der sich anderer Verbrechen oder anderer Vergehen schuldig macht, als derjenigen, denen vorzubeugen, sie zu ermitteln, zu verfolgen oder zu bestrafen er beauftragt ist, zu den für diese Verbrechen oder Vergehen vorgesehenen Strafen verurteilt, wobei deren Mindestmaß im Falle einer Gefängnisstrafe verdoppelt und im Falle von Zuchthaus, Festungshaft und zeitiger Zwangsarbeit um zwei Jahre erhöht wird.

KAPITEL VIII

Von den von Geistlichen in Ausübung ihres geistlichen Amtes begangenen strafbaren Handlungen

Artikel 267

Mit Geldstrafe von fünfzig Franken bis zu fünfhundert Franken wird jeder Geistliche bestraft, der eine kirchliche Trauung vor der standesamtlichen Trauung vornimmt. (Gesetz vom 3. August 1909)

Diese Bestimmung findet keine Anwendung, wenn eine der Personen, die kirchlich getraut wird, sich in Todesgefahr befindet und jede Verzögerung dieser feierlichen Handlung ihre Undurchführbarkeit zur Folge haben kann. (Gesetz vom 3. August 1909)

Im Fall einer neuen strafbaren Handlung der gleichen Art kann er außerdem zu Gefängnis von acht Tagen bis zu drei Monaten verurteilt werden.

Artikel 268

Mit Gefängnis von acht Tagen bis zu drei Monaten und mit Geldstrafe von sechsundzwanzig Franken bis zu fünfhundert Franken wird der Geistliche bestraft, der in Ausübung seines geistlichen Amtes durch in öffentlicher Versammlung gehaltene Reden die Regierung, ein Gesetz, eine Königliche Verordnung oder eine sonstige Handlung der öffentlichen Behörde unmittelbar angreift.

Besonderer Teil

TEIL V

Von den von Privatpersonen gegen die öffentliche Ordnung begangenen Verbrechen und Vergehen

KAPITEL I

Vom Widerstand gegen die Staatsgewalt

Artikel 269

Als Widerstand gegen die Staatsgewalt gilt jeder Angriff, jeder Widerstand mit Gewalt oder Drohungen gegen Amtspersonen, Feld- oder Waldhüter, Bevollmächtigte oder Vertreter der öffentlichen Gewalt, Steuereinnehmer, Vollstreckungsbeamte, Zollbeamte, Zwangsverwalter und Beamte oder Vertreter der Verwaltungs- oder Gerichtspolizei, die mit der Ausführung der Gesetze, Befehle oder Anordnungen der öffentlichen Behörde, gerichtlicher Befehle oder Urteile befaßt sind.

Artikel 270

(Aufgehoben durch Artikel 31 des Gesetzes vom 13. Oktober 1930)

Artikel 271

Der Widerstand gegen die Staatsgewalt wird, wenn er von einer einzigen bewaffneten Person geleistet wird, mit Gefängnis von drei Monaten bis zu zwei Jahren, wenn er von einer unbewaffneten Person geleistet wird, mit Gefängnis von acht Tagen bis zu sechs Monaten bestraft.

Artikel 272

Wird der Widerstand gegen die Staatsgewalt von mehreren Personen nach vorheriger Verabredung geleistet, so werden die Aufrührer, die Waffen getragen haben, zu Zuchthaus und die anderen zu Gefängnis von einem Jahr bis zu fünf Jahren verurteilt.

Ist der Widerstand gegen die Staatsgewalt nicht vorher verabredet worden, so werden die Schuldigen, die bewaffnet gewesen sind, mit Gefängnis von einem Jahr bis zu fünf Jahren und die anderen mit Gefängnis von drei Monaten bis zu zwei Jahren bestraft.

Artikel 273

Wird der Widerstand gegen die Staatsgewalt durch eine Bande oder unter Zusammenrottung geleistet, so findet Artikel 134 dieses Gesetzbuchs Anwendung auf die Rebellen, die in der Bande kein Amt und keine Tätigkeit ausgeübt und sich auf die erste Aufforderung der öffentlichen Gewalt hin zurückgezogen haben, oder wenn sie ohne erneuten Widerstand zu leisten und ohne Waffen außerhalb des Ortes des Aufruhrs festgenommen worden sind.

Artikel 274

In allen Fällen, in denen wegen Widerstands gegen die Staatsgewalt eine Gefängnisstrafe verhängt wird, können die Schuldigen außerdem zu Geldstrafe von sechsundzwanzig Franken bis zu zweihundert Franken verurteilt werden.

Die Rädelsführer des Widerstands gegen die Staatsgewalt und diejenigen, die dazu anstiften, können darüber hinaus *für mindestens fünf Jahre und höchstens zehn Jahre zu besonderer Polizeiaufsicht sowie* zum Verlust von Rechten nach Maßgabe des Artikels 33 verurteilt werden.

Zweites Buch

KAPITEL II

Von den Beleidigungen und Gewalttätigkeiten gegenüber den Ministern, den Mitgliedern der gesetzgebenden Kammern, den Bevollmächtigten der Behörde oder der öffentlichen Gewalt

Artikel 275

Mit Gefängnis von vierzehn Tagen bis zu sechs Monaten und mit Geldstrafe von fünfzig Franken bis zu dreihundert Franken wird bestraft, wer durch Taten, Worte, Gesten oder Drohungen ein Mitglied der gesetzgebenden Kammern in oder anläßlich der Ausübung seines Mandats, einen Minister, einen Verwaltungsbeamten, einen richterlichen Beamten oder einen Beamten der öffentlichen Gewalt im aktiven Dienst in oder anläßlich der Ausübung seiner Tätigkeit beleidigt. (Gesetz vom 27. Juli 1934, Artikel 1)

Erfolgt die Beleidigung während der Sitzung einer der Kammern oder in einer Gerichtsverhandlung, so ist die Strafe Gefängnis von zwei Monaten bis zu zwei Jahren und Geldstrafe von zweihundert Franken bis zu eintausend Franken.

Die gegen ein Mitglied der Kammern gerichteten Beleidigungen können — ausgenommen im Falle der Ergreifung auf frischer Tat — nur auf Antrag des Beleidigten oder auf Anzeige der Kammer, der er angehört, verfolgt werden.

Artikel 276

Die Beleidigung durch Worte, Taten, Gesten oder Drohungen, die sich gegen eine Amtsperson, einen bevollmächtigten Vertreter der Behörde oder der öffentlichen Gewalt oder gegen eine andere Person öffentlichen Charakters in oder anläßlich der Ausübung ihrer Tätigkeit richtet, wird mit Gefängnis von acht Tagen bis zu einem Monat und mit Geldstrafe von sechsundzwanzig Franken bis zu zweihundert Franken bestraft.

Artikel 277

Die Beleidigungen, die sich gegen Behörden richten, werden unter Berücksichtigung der in den beiden vorhergehenden Artikeln aufgestellten Unterscheidungsmerkmalen ebenso bestraft wie die Beleidigungen, die sich gegen die Mitglieder dieser Behörden richten.

Artikel 278

Mit Gefängnis von zwei Monaten bis zu zwei Jahren und mit Geldstrafe von fünfzig Franken bis zu fünfhundert Franken wird bestraft, wer ein Mitglied der gesetzgebenden Kammern in oder anläßlich der Ausübung seines Mandats, einen Minister, einen Richter oder einen Beamten der öffentlichen Gewalt im aktiven Dienst in oder anläßlich der Ausübung seiner Tätigkeit schlägt. (Gesetz vom 27. Juli 1934, Artikel 2)

Werden die Schläge während der Sitzung einer der Kammern oder bei einer Gerichtsverhandlung zugefügt, so wird der Schuldige mit Gefängnis von drei Monaten bis zu drei Jahren und mit Geldstrafe von zweihundert Franken bis zu eintausend Franken bestraft.

Artikel 279

Haben die Schläge Blutverlust, Wunden oder Krankheit zur Folge, so wird der Schuldige zu Gefängnis von sechs Monaten bis zu fünf Jahren und zu Geldstrafe von zweihundert Franken bis zu eintausendfünfhundert Franken verurteilt.

Artikel 280

Wer eine Amtsperson, einen bevollmächtigten Vertreter der Behörde oder der öffentlichen Gewalt oder eine andere Person öffentlichen Charakters in oder anläßlich der Ausübung ihrer Tätigkeit schlägt, wird mit Gefängnis von einem Monat bis zu einem Jahr und mit Geldstrafe von fünfzig Franken bis zu dreihundert Franken bestraft.

Artikel 281

Haben die Schläge Blutverlust, Wunden oder Krankheit zur Folge, so beträgt die Strafe Gefängnis von drei Monaten bis zu zwei Jahren und Geldstrafe von einhundert Franken bis zu fünfhundert Franken.

Artikel 282

Die in Artikel 275, 278 und 279 angedrohten Strafen finden Anwendung, wenn ein Geschworener wegen seiner Tätigkeit oder ein Zeuge wegen seiner Aussagen beleidigt oder geschlagen wird.

KAPITEL III

Vom Siegelbruch

Artikel 283

Werden Siegel, die auf Anweisung der öffentlichen Behörde angebracht worden sind, erbrochen, so wird der mit der Aufbewahrung gepfändeter Gegenstände beauftragte Beamte, wenn einfache Fahrlässigkeit vorliegt, mit Gefängnis von acht Tagen bis zu sechs Monaten bestraft.

Artikel 284

Wer vorsätzlich Siegel erbricht, wird mit Gefängnis von sechs Monaten bis zu zwei Jahren bestraft; ist dies der mit der Aufbewahrung gepfändeter Gegenstände beauftragte Beamte selbst oder der öffentliche Bedienstete, der die Versiegelung angeordnet oder vorgenommen hat, so wird er mit Gefängnis von einem Jahr bis zu drei Jahren bestraft.

Der Versuch dieses Vergehens wird im ersten Fall dieses Artikels mit Gefängnis von drei Monaten bis zu einem Jahr, im zweiten Fall mit Gefängnis von sechs Monaten bis zu zwei Jahren bestraft.

Artikel 285

Waren die erbrochenen Siegel auf Papieren oder Sachen einer Person angebracht, die eines Verbrechens beschuldigt, angeschuldigt oder angeklagt ist, für das Todesstrafe, lebenslängliche Zwangsarbeit oder lebenslängliches Zuchthaus angedroht ist, oder die zu einer dieser Strafen verurteilt ist, so wird der mit der Aufbewahrung gepfändeter Gegenstände beauftragte Beamte, wenn er fahrlässig gehandelt hat, mit Gefängnis von drei Monaten bis zu einem Jahr bestraft.

Artikel 286

Wer vorsätzlich Siegel erbricht, die auf Papieren oder Sachen der in dem vorhergehenden Artikel erwähnten Art angebracht sind, wird mit Gefängnis von einem Jahr bis zu drei Jahren bestraft; ist dies der mit der Aufbewahrung gepfändeter Gegenstände beauftragte Beamte selbst oder der öffentliche Bedienstete, der die Versiegelung angeordnet hat, so wird der Schuldige mit Gefängnis von zwei Jahren bis zu fünf Jahren bestraft.

Der Versuch dieses Vergehens wird im ersten Fall dieses Artikels mit Gefängnis von sechs Monaten bis zu zwei Jahren und im zweiten Fall mit der gleichen Strafe von einem Jahr bis zu drei Jahren bestraft.

Artikel 287

Wird der Siegelbruch unter Anwendung von Gewalt gegen Personen begangen, so wird der Schuldige mit Gefängnis von zwei Jahren bis zu fünf Jahren bestraft.

Der Versuch dieses Siegelbruchs wird mit Gefängnis von sechs Monaten bis zu drei Jahren bestraft.

Artikel 288

In den Fällen der Artikel 284, 286 und 287 kann der Schuldige darüber hinaus mit Geldstrafe von fünfzig Franken bis zu zweitausend Franken verurteilt werden.

KAPITEL IV

Von den Behinderungen bei der Durchführung öffentlicher Arbeiten

Artikel 289

Wer sich mit Tätlichkeiten der Durchführung von Arbeiten widersetzt, die von der zuständigen Behörde angeordnet oder genehmigt sind, wird mit Gefängnis von acht Tagen bis zu drei Monaten bestraft.

Artikel 290

Diejenigen, die sich zusammenrotten und durch Anwendung von Gewalt, Tätlichkeiten oder Drohungen der Durchführung dieser Arbeiten widersetzen, werden mit Gefängnis von drei Monaten bis zu zwei Jahren bestraft.

Der Rädelsführer oder Anstifter wird mit Gefängnis von sechs Monaten bis zu drei Jahren bestraft.

Artikel 291

In den in den beiden vorhergehenden Artikeln aufgeführten Fällen können die Schuldigen darüber hinaus zu Geldstrafe von sechsundzwanzig Franken bis zu fünfhundert Franken verurteilt werden.

KAPITEL V

Von den Verbrechen und Vergehen der Lieferanten

Artikel 292

Die mit Lieferungen, Unternehmen oder Regiebetrieben auf Rechnung der Armee oder der Marine beauftragte Person, die die ihr übertragenen Dienst- oder Werkleistungen vorsätzlich vernachlässigt, wird mit Zuchthaus und mit Geldstrafe von zweihundert Franken bis zu dreitausend Franken bestraft.

Die gleichen Strafen finden auf den Vertreter des Lieferanten Anwendung, wenn dieser Vertreter seine Dienstleistungen vorsätzlich vernachlässigt.

Artikel 293

Der öffentliche Bedienstete oder der leitende oder gegen Gehalt angestellte Vertreter der Regierung, der den Schuldigen zur Vernachlässigung seiner Dienst- oder Werkleistungen aufwiegelt oder ihm dabei hilft, wird mit Zuchthaus von mindestens sieben Jahren und mit Geldstrafe von dreihundert Franken bis zu dreitausend Franken bestraft.

Artikel 294

Ist die Einstellung der Dienst- oder Werkleistung die Folge einer Fahrlässigkeit des Lieferanten, seines Vertreters, eines öffentlichen Bediensteten oder eines Vertreters, leitenden Angestellten oder Gehaltsempfängers der Regierung, so wird der Schuldige mit Gefängnis von drei Monaten bis zu zwei Jahren und mit Geldstrafe von einhundert Franken bis zu eintausend Franken bestraft.

Artikel 295

Werden die Lieferungen oder die Arbeiten vorsätzlich verzögert, so wird der Schuldige, auch wenn die Dienst- oder Werkleistung nicht darunter gelitten hat, mit Gefängnis von sechs Monaten bis zu zwei Jahren und mit Geldstrafe von zweihundert Franken bis zu eintausend Franken bestraft.

Er wird mit Gefängnis von einem Monat bis zu einem Jahr und mit Geldstrafe von fünfzig Franken bis zu fünfhundert Franken bestraft, wenn die Verzögerung die Folge einer Fahrlässigkeit ist.

Artikel 296

In den verschiedenen in den Artikeln 294 und 295 Absatz 2 aufgeführten Fällen kann die Verfolgung nur auf Strafantrag des Ministers, den die Sache betrifft, eintreten.

Artikel 297

Liegt in bezug auf Art, Güte oder Menge der gelieferten Arbeiten oder Werkleistungen oder Sachen Betrug vor, so wird der Schuldige mit Gefängnis von sechs Monaten bis zu drei Jahren und mit Geldstrafe von einhundert Franken bis zu zehntausend Franken bestraft.

Er kann darüber hinaus zum Verlust von Rechten nach Maßgabe des Artikels 33 verurteilt werden.

Artikel 298

Der öffentliche Bedienstete oder der leitende oder gegen Gehalt angestellte Vertreter der Regierung, der an diesem Betrug teilnimmt, wird mit Gefängnis von zwei Jahren bis zu fünf Jahren und mit Geldstrafe von zweihundert Franken bis zu zehntausend Franken bestraft.

Er wird darüber hinaus zum Verlust von Rechten nach Maßgabe des Artikels 33 verurteilt.

KAPITEL VI

Von der Veröffentlichung oder Verbreitung von Schriften ohne Angabe des Namens und des Wohnsitzes des Verfassers oder des Druckers

Artikel 299

Wer wissentlich an der Veröffentlichung oder Verbreitung von Druckschriften mitwirkt, in denen sich keine wahrheitsgemäße Angabe des Namens und des Wohnsitzes des Verfassers oder des Druckers befindet, wird mit Gefängnis von acht Tagen bis zu zwei Monaten und mit Geldstrafe von sechsundzwanzig Franken bis zu zweihundert Franken oder mit einer dieser beiden Strafen allein bestraft.

Die Gefängnisstrafe kann jedoch nicht verhängt werden, wenn die ohne die erforderlichen Angaben veröffentlichte Druckschrift Teil einer Veröffentlichung ist, deren Ursprung von ihrem früheren Erscheinen her bekannt ist.

Artikel 300

Von der in dem vorhergehenden Artikel angedrohten Strafe ist ausgenommen:

wer den Drucker bekanntgegeben hat;

der Ausrufer, Plakatkleber, Verkäufer oder Verteiler, der die Person bekanntgegeben hat, deren Druckschrift er führt.

KAPITEL VII

Von den strafbaren Handlungen gegen die Gesetze und Verordnungen über die Lotterien, Spielbanken und Pfandhäuser

Artikel 301

Als Lotterie gilt jedes der Öffentlichkeit angebotene Geschäft, das dazu bestimmt ist, einen vom Zufall abhängigen Gewinn zu verschaffen.

Artikel 302

Die Urheber, Unternehmer, Verwalter, leitenden Angestellten oder Vertreter von nicht gesetzlich genehmigten Lotterien werden mit Gefängnis von acht Tagen bis zu drei Monaten und mit Geldstrafe von fünfzig Franken bis zu dreitausend Franken bestraft.

Die als Einsatz und die für die Lotterie verwendeten oder bestimmten beweglichen Sachen werden eingezogen.

Ist eine unbewegliche Sache eingesetzt worden, so wird die Einziehung nicht ausgesprochen; sie wird durch eine Geldstrafe von einhundert Franken bis zu zehntausend Franken ersetzt.

Artikel 303

Mit Gefängnis von acht Tagen bis zu einem Monat und mit Geldstrafe von sechsundzwanzig Franken bis zu eintausend Franken oder mit einer dieser beiden Strafen allein wird bestraft:

wer Lose nicht gesetzlich genehmigter Lotterien absetzt, verbreitet oder verteilt;

wer durch Bekanntmachungen, Inserate, Anschläge oder andere Veröffentlichungsmittel auf das Bestehen dieser Lotterien hinweist oder den Vertrieb der Lose erleichtert.

In allen Fällen werden die Lose wie auch die Bekanntmachungen, Inserate oder Anschläge eingezogen und vernichtet.

Artikel 304

Von den in dem vorhergehenden Artikel angedrohten Strafen ausgenommen sind der Ausrufer und der Plakatkleber, die die Person bekanntgeben, deren Lose oder vorerwähnte Schriften sie führen.

Artikel 305

Wer eine Spielbank unterhält und dazu die Öffentlichkeit ungehindert oder auf Vorschlag der Interessenten oder Mitglieder zuläßt, sowie die Bankiers, Verwalter, leitenden Angestellten oder Vertreter dieser Spielbank werden mit Gefängnis von acht Tagen bis zu sechs Monaten und mit Geldstrafe von einhundert Franken bis zu fünftausend Franken bestraft.

Die Schuldigen können darüber hinaus zum Verlust von Rechten nach Maßgabe des Artikels 33 verurteilt werden.

In allen Fällen werden die Gelder oder Sachen, die als Einsatz bei dem Spiel gefunden werden, sowie die Möbel, Instrumente, Geräte und Apparate, die bei dem Spiel verwendet werden oder dafür bestimmt sind, eingezogen.

(Die Worte „ohne gesetzliche Genehmigung" in Absatz 1 sind durch Gesetz vom 24. Oktober 1902, Artikel 8, gestrichen worden.)

Artikel 306

Wer ohne gesetzliche Genehmigung Pfandhäuser unterhält, wird mit Gefängnis von acht Tagen bis zu drei Monaten und mit Geldstrafe von sechsundzwanzig Franken bis zu eintausend Franken bestraft.

Artikel 307

Wer im Besitz einer Genehmigung ist, aber kein den Vorschriften entsprechendes Verzeichnis führt, das in ununterbrochener Reihenfolge ohne jede Auslassung oder Einfügung die ausgeliehenen Beträge oder Gegenstände, die Namen, Anschriften und Berufe der Darlehnsnehmer sowie die Art, die Güte und den Wert der verpfändeten Gegenstände enthält, wird mit Gefängnis von acht Tagen bis zu einem Monat und mit Geldstrafe von sechsundzwanzig Franken bis zu fünfhundert Franken oder mit einer der beiden Strafen allein bestraft.

Artikel 308

Mit Gefängnis von acht Tagen bis zu drei Monaten und mit Geldstrafe von sechsundzwanzig Franken bis zu eintausend Franken wird bestraft,

wer gewohnheitsmäßig für andere und gegen Vergütung Sachen in die Pfandhäuser bringt,

wer gewohnheitsmäßig Pfandscheine kauft,

wer Pfandscheine von Pfandhäusern, die die Beleihung neuer Waren beurkunden, verkauft oder kauft.

Zweites Buch

KAPITEL VIII

Von den strafbaren Handlungen in der Industrie, im Handel und bei öffentlichen Versteigerungen

Artikel 309

Wer böswillig oder in betrügerischer Weise Geheimnisse der Fabrik, in der er angestellt gewesen ist oder noch ist, offenbart, wird mit Gefängnis von drei Monaten bis zu drei Jahren und mit Geldstrafe von fünfzig Franken bis zu zweitausend Franken bestraft.

Artikel 310

(Aufgehoben durch Gesetz vom 24. Mai 1921 über die Versammlungsfreiheit)

Artikel 311

Wer mit betrügerischen Mitteln das Steigen oder Fallen der Preise von Nahrungsmitteln oder Waren oder öffentlichen Wertpapieren und Staatspapieren bewirkt, wird mit Gefängnis von einem Monat bis zu zwei Jahren und mit Geldstrafe von dreihundert Franken bis zu zehntausend Franken bestraft.

Artikel 312

Jeder Befehlshaber von militärischen Abteilungen, Provinzen oder Plätzen und Städten, jeder Bezirksgouverneur oder -kommissar, der im Bereich der Orte, an denen er das Recht hat, sein Amt auszuüben, derartige Machenschaften offen oder durch vorgetäuschte Handlungen oder durch Vorschieben von Personen betreibt oder daran teilnimmt, verwirkt unabhängig von den in dem vorhergehenden Artikel aufgeführten Strafen den Verlust der in den ersten drei Nummern des Artikels 31 aufgeführten Rechte.

Artikel 313

Diejenigen, die sich zusammenrotten und durch Anwendung von Gewalt oder Drohungen die öffentliche Ordnung auf den Märkten oder in den Getreidehallen in der Absicht stören, zur Plünderung aufzuwiegeln oder auch nur die Verkäufer zu zwingen, ihre Nahrungsmittel zu einem niedrigeren Preis abzusetzen, als dem, der sich aus dem freien Wettbewerb ergibt, wird mit Gefängnis von drei Monaten bis zu zwei Jahren bestraft.

Der Anführer oder Anstifter wird mit Gefängnis von sechs Monaten bis zu drei Jahren bestraft *und für mindestens fünf Jahre und höchstens zehn Jahre unter besondere Polizeiaufsicht gestellt.*

Artikel 314

Wer bei der Vergebung des Eigentums, der Nutznießung oder der Miete von beweglichen oder unbeweglichen Sachen, eines Unternehmens, einer Lieferung, eines Betriebes oder irgendeiner Dienst- oder Werkleistung die Freiheit der Versteigerung oder des Zuschlags durch Anwendung von Gewalt oder Drohungen vor oder während der Versteigerung oder des Zuschlags behindert oder stört, wird mit Gefängnis von vierzehn Tagen bis zu sechs Monaten und mit Geldstrafe von einhundert Franken bis zu dreitausend Franken bestraft.

KAPITEL IX

Von einigen anderen strafbaren Handlungen gegen die öffentliche Ordnung

Abschnitt I

Von den strafbaren Handlungen gegen die Beerdigungsgesetze

Artikel 315

Mit Gefängnis von acht Tagen bis zu zwei Monaten oder mit Geldstrafe von sechsundzwanzig Franken bis zu dreihundert Franken wird bestraft:

wer ohne vorherige Genehmigung des öffentlichen Beamten eine Beerdigung vornimmt oder vornehmen läßt;

wer auf irgendeine Weise den Gesetzen und Rechtsvorschriften über Begräbnisstätten und vorzeitige Beerdigungen zuwiderhandelt.

Abschnitt II

Von den strafbaren Handlungen gegen die Gesetze und Rechtsvorschriften über unerlaubten Waffenbesitz

Artikel 316 bis 318

(Aufgehoben durch Artikel 28 des Gesetzes vom 3. Januar 1933 über Waffenherstellung und -handel, das Tragen von Waffen und den Handel mit Munition)

Abschnitt III

Von den strafbaren Handlungen bei Viehseuchen

Artikel 319

Wer als Halter oder Hüter von Tieren, die von der Regierung bezeichneter ansteckender Krankheiten verdächtig sind, nicht unverzüglich den Bürgermeister der Gemeinde, in der sich die Tiere befinden, von dem Verdacht benachrichtigt oder die Tiere nicht noch vor Erhalt der Antwort des Bürgermeisters auf die Benachrichtigung einschließt, wird mit Gefängnis von acht Tagen bis zu zwei Monaten und mit Geldstrafe von sechsundzwanzig Franken bis zu zweihundert Franken bestraft.

Artikel 320

Mit Gefängnis von zwei Monaten bis zu sechs Monaten und mit Geldstrafe von einhundert Franken bis zu fünfhundert Franken wird bestraft, wer trotz des Verbots seitens der Verwaltung seine angesteckten Tiere mit anderen Tieren zusammenkommen läßt.

Artikel 321

Werden durch das in dem vorhergehenden Artikel erwähnte Zusammenkommen von Tieren andere Tiere angesteckt, so wird derjenige, der dem Verbot der Verwaltungsbehörde zuwidergehandelt hat, mit Gefängnis von sechs Monaten bis zu drei Jahren und mit Geldstrafe von einhundert Franken bis zu dreitausend Franken bestraft.

Zweites Buch

TEIL VI

Von den Verbrechen und Vergehen gegen die öffentliche Sicherheit

KAPITEL I

Von der Verbindung von Personen zu dem Zwecke, Anschläge gegen Personen oder das Eigentum zu verüben

Artikel 322

Jede Verbindung zu dem Zweck, Anschläge gegen Personen oder das Eigentum zu verüben, ist allein auf Grund der Tatsache der Bandenbildung ein Verbrechen oder ein Vergehen.

Artikel 323

Hat die Verbindung die Begehung von Verbrechen zum Ziel, die mit der Todesstrafe oder Zwangsarbeit bedroht sind, so werden die Rädelsführer dieser Verbindung, die Anführer dieser Bande und diejenigen, die dabei eine Befehlsgewalt ausüben, mit Zuchthaus bestraft.

Sie werden mit Gefängnis von zwei Jahren bis zu fünf Jahren bestraft, wenn die Verbindung geschlossen worden ist, um sonstige Verbrechen zu begehen, und mit Gefängnis von sechs Monaten bis zu drei Jahren, wenn die Verbindung geschlossen worden ist, um Vergehen zu begehen.

Artikel 324

Alle anderen der Verbindung angehörenden Personen und diejenigen, die wissentlich und vorsätzlich der Bande oder ihren Abteilungen Waffen, Munition, Verbrechenswerkzeuge, Unterkunft, Zuflucht oder Versammlungsstätte zur Verfügung stellen, werden bestraft:

im ersten Fall des vorhergehenden Artikels mit Gefängnis von sechs Monaten bis zu fünf Jahren,

im zweiten Fall mit Gefängnis von zwei Monaten bis zu drei Jahren und

im dritten Fall mit Gefängnis von einem Monat bis zu zwei Jahren.

Artikel 325

Die auf Grund der Artikel 323 und 324 zu Gefängnisstrafe Verurteilten können darüber hinaus zum Verlust von Rechten nach Maßgabe des Artikels 33 verurteilt *und für mindestens fünf Jahre und höchstens zehn Jahre unter besondere Polizeiaufsicht gestellt* werden.

Artikel 326

Von den in diesem Kapitel angedrohten Strafen ausgenommen sind diejenigen Schuldigen, die vor dem Versuch des Verbrechens oder Vergehens, das das Ziel der Verbindung ist, und vor Einleitung der Strafverfolgung der Behörde das Bestehen dieser Banden und die Namen ihrer obersten oder nachgeordneten Anführer bekanntgeben.

Sie können trotzdem für höchstens fünf Jahre unter besondere Polizeiaufsicht gestellt werden.

KAPITEL II

Von den Drohungen mit einem Anschlag gegen Personen oder das Eigentum

Artikel 327

Wer in Verbindung mit einem Befehl oder einer Bedingung in einem anonymen oder unterschriebenen Schriftstück mit einem Anschlag gegen Personen oder das Eigentum droht, der mit dem Tode oder mit Zwangsarbeit bedroht ist, wird zu Gefängnis von sechs Monaten bis zu fünf Jahren und mit Geldstrafe von einhundert Franken bis zu fünfhundert Franken verurteilt.

Ist die Drohung nicht an einen Befehl oder eine Bedingung geknüpft, so ist die Strafe Gefängnis von drei Monaten bis zu zwei Jahren und Geldstrafe von fünfzig Franken bis zu dreihundert Franken.

Artikel 328

Erfolgt die an einen Befehl oder eine Bedingung geknüpfte Drohung mündlich, so wird der Schuldige mit Gefängnis von zwei Monaten bis zu einem Jahr und mit Geldstrafe von sechsundzwanzig Franken bis zu zweihundert Franken bestraft.

Artikel 329

Die durch Gesten oder Sinnbilder erfolgte Drohung mit einem Anschlag gegen Personen oder das Eigentum, für das der Tod oder Zwangsarbeit angedroht ist, wird mit Gefängnis von acht Tagen bis zu drei Monaten und mit Geldstrafe von sechsundzwanzig Franken bis zu einhundert Franken bestraft.

Artikel 330

Die in einem anonymen oder unterschriebenen Schriftstück an einen Befehl oder eine Bedingung geknüpfte Drohung mit einem Anschlag gegen Personen oder das Eigentum, der mit Zuchthaus bedroht ist, wird mit Gefängnis von drei Monaten bis zu drei Jahren und mit Geldstrafe von einhundert Franken bis zu fünfhundert Franken bestraft.

Ist die Drohung nicht an einen Befehl oder eine Bedingung geknüpft, so ist die Strafe Gefängnis von vierzehn Tagen bis zu sechs Monaten und Geldstrafe von sechsundzwanzig Franken bis zu zweihundert Franken.

Artikel 331

In den in Artikel 327 aufgeführten Fällen kann der Schuldige darüber hinaus zum Verlust von Rechten nach Maßgabe des Artikels 33 verurteilt *und für mindestens fünf Jahre und höchstens zehn Jahre unter besondere Polizeiaufsicht gestellt* werden.

KAPITEL III

Von dem Entweichen der Gefangenen

Artikel 332

Im Falle des Entweichens von Gefangenen werden die mit ihrer Begleitung oder Beaufsichtigung beauftragten Personen wie folgt bestraft:

Artikel 333

War der Entwichene wegen eines Vergehens verfolgt oder verurteilt, war er Kriegsgefangener oder wurde er zur Verfügung des Justizministers in Haft gehalten, so werden diese Beauftragten im Falle der Fahrlässigkeit mit Gefängnis von acht Tagen bis zu drei Monaten und im Falle der Begünstigung mit Gefängnis von sechs Monaten bis zu zwei Jahren bestraft.

Die gleichen Strafen finden Anwendung im Falle des Entweichens einer Person, die auf Grund des Gesetzes über die soziale Verteidigung vom 9. April 1930 in Haft gehalten wird.

(Gesetz vom 29. August 1945, Artikel 1)

Artikel 334

War der Entwichene wegen eines Verbrechens verfolgt oder verurteilt oder war er auf Grund des Auslieferungsgesetzes festgenommen, so werden diese Beauftragten im Falle der Fahrlässigkeit mit Gefängnis von vierzehn Tagen bis zu einem Jahr und im Falle der Begünstigung mit Gefängnis von einem Jahr bis zu fünf Jahren bestraft.

Artikel 335

Wer, ohne mit der Beaufsichtigung oder Begleitung des Gefangenen beauftragt zu sein, dessen Entweichen herbeiführt oder erleichtert, wird im Falle des Artikels 333 mit Gefängnis von vierzehn Tagen bis zu einem Jahr und im Falle des Artikels 334 mit Gefängnis von drei Monaten bis zu zwei Jahren bestraft.

Von dieser Bestimmung ausgenommen sind die Verwandten aufsteigender oder absteigender Linie, die Ehegatten, auch wenn sie geschieden sind, die Brüder oder Schwestern des Entwichenen oder seine Verschwägerten gleichen Grades.

Artikel 336

Erfolgt das Entweichen oder der Versuch des Entweichens unter Anwendung von Gewalt, Drohungen oder Aufbrechen des Gefängnisses, so beträgt die Strafe für denjenigen, der dies durch Beschaffung der hierfür geeigneten Instrumente begünstigt hat,

unter den in Artikel 333 aufgeführten Umständen Gefängnis von zwei Jahren bis zu fünf Jahren für die Beauftragten und Gefängnis von drei Monaten bis zu zwei Jahren für die anderen Personen,

unter den in Artikel 334 aufgeführten Umständen Zuchthaus für die Beauftragten und Gefängnis von sechs Monaten bis zu drei Jahren für die anderen Personen.

Artikel 337

Erfolgt das Entweichen oder der Versuch des Entweichens unter Anwendung von Gewalt, Drohungen oder Aufbrechen des Gefängnisses, so beträgt die Strafe für denjenigen, der dies durch Beschaffung von Waffen begünstigt hat,

unter den in Artikel 333 aufgeführten Umständen Zuchthaus für die Beauftragten und Gefängnis von zwei Jahren bis zu fünf Jahren für die anderen Personen,

unter den in Artikel 334 aufgeführten Umständen Zwangsarbeit von zehn Jahren bis zu fünfzehn Jahren für die Beauftragten und Zuchthaus für die anderen Personen.

Besonderer Teil

KAPITEL IV

Von dem Bannbruch und der Verbergung von Personen

Artikel 338

(Aufgehoben durch Artikel 31 des Gesetzes vom 9. April 1930 über die Soziale Verteidigung)

Artikel 339

Wer Personen verbirgt oder verbergen läßt, von denen er weiß, daß sie wegen eines Verbrechens verfolgt werden oder verurteilt sind, wird mit Gefängnis von acht Tagen bis zu zwei Jahren und mit Geldstrafe von sechsundzwanzig Franken bis zu fünfhundert Franken bestraft.

Artikel 340

Wer den Leichnam eines Ermordeten oder eines an Körperverletzung Gestorbenen verbirgt oder verbergen läßt oder versteckt oder verstecken läßt, wird mit Gefängnis von drei Monaten bis zu zwei Jahren und mit Geldstrafe von fünfzig Franken bis zu sechshundert Franken bestraft.

Artikel 341

Von den beiden vorhergehenden Bestimmungen ausgenommen sind die Verwandten aufsteigender oder absteigender Linie, die Ehegatten, auch wenn sie geschieden sind, die Brüder oder Schwestern und Verschwägerten gleichen Grades der verborgen gehaltenen Verbrecher, der Täter oder der Gehilfen bei der Tötung oder der Körperverletzungen.

KAPITEL V

Von den Vergehen gegen die öffentliche Sicherheit, die von Landstreichern oder Bettlern begangen werden

Artikel 342

Mit Gefängnis von acht Tagen bis zu einem Monat werden bestraft:

jeder Landstreicher und jede Person, die, um zu betteln, ohne Erlaubnis des Eigentümers oder der zu seinem Hause gehörenden Personen eine Wohnung oder die dazu gehörigen Grundstücksteile betreten;

diejenigen, die beim Betteln Wunden oder Krankheiten vortäuschen;

diejenigen, die gemeinschaftlich betteln, außer wenn es sich um Eheleute, Vater oder Mutter und ihre kleinen Kinder oder um einen Blinden oder einen Invaliden und seinen Begleiter handelt.

Artikel 343

Jeder Bettler oder Landstreicher, der in irgendeiner Verkleidung festgenommen wird, wird mit Gefängnis von acht Tagen bis zu zwei Monaten bestraft.

Artikel 344

Mit Gefängnis von drei Monaten bis zu einem Jahr wird bestraft der Landstreicher oder Bettler,

der im Besitz falscher Bescheinigungen, falscher Pässe oder falscher Marschrouten angetroffen wird;

der im Besitz von Waffen angetroffen wird;

der im Besitz von Feilen, Dietrichen oder sonstigen Werkzeugen angetroffen wird, die zur Begehung von Diebstählen oder sonstigen Verbrechen oder Vergehen oder zur Beschaffung von Mitteln zum Eindringen in Häuser geeignet sind.

Artikel 345

Wer beim Betteln mit einem Anschlag gegen Personen oder das Eigentum droht, wird mit Gefängnis von einem Monat bis zu einem Jahr bestraft.

Er wird zu Gefängnis von sechs Monaten bis zu drei Jahren verurteilt, wenn er gegen Personen Gewalt angewendet hat.

Artikel 346

Die Landstreicher und Bettler können nach Verbüßung der nach den vorhergehenden Artikeln verhängten Strafen dazu verurteilt werden, *für mindestens fünf Jahre und höchstens zehn Jahre unter besonderer Polizeiaufsicht zu bleiben.*

Artikel 347

Landstreicher ist, wer weder einen bestimmten Wohnsitz noch die Mittel für seinen Lebensunterhalt besitzt und weder ein Gewerbe noch einen Beruf gewohnheitsmäßig ausübt.

TEIL VII

Von den Verbrechen und Vergehen gegen die Familienordnung und gegen die öffentliche Sittlichkeit

KAPITEL I

Von der Abtreibung

Artikel 348

Wer durch Lebensmittel, Getränke, Arzneimittel, Gewalt oder ein anderes Mittel absichtlich bei einer Frau ohne ihre Einwilligung eine Abtreibung herbeiführt, wird mit Zuchthaus bestraft.

Verfehlen die verwendeten Mittel ihre Wirkung, so findet Artikel 52 Anwendung.

Artikel 349

Wird eine Abtreibung durch vorsätzlich ausgeübte Gewalt, jedoch ohne die Absicht, sie herbeizuführen, verursacht, so wird der Schuldige mit Gefängnis von drei Monaten bis zu zwei Jahren und mit Geldstrafe von sechsundzwanzig Franken bis zu dreihundert Franken bestraft.

Erfolgt die Gewaltanwendung mit Überlegung oder in Kenntnis des Zustandes der Frau, so beträgt die Gefängnisstrafe sechs Monate bis zu drei Jahren und die Geldstrafe fünfzig Franken bis zu fünfhundert Franken.

Artikel 350

Wer durch Lebensmittel, Getränke, Arzneimittel oder ein anderes Mittel bei einer Frau mit ihrer Einwilligung eine Abtreibung herbeiführt, wird zu Gefängnis von zwei Jahren bis zu fünf Jahren und Geldstrafe von einhundert Franken bis zu fünfhundert Franken verurteilt.

Artikel 351

Die Frau, die vorsätzlich eine Abtreibung an sich vornehmen läßt, wird mit Gefängnis von zwei Jahren bis zu fünf Jahren und mit Geldstrafe von einhundert Franken bis zu fünfhundert Franken bestraft.

Artikel 352

Verursachen die zur Abtreibung verwendeten Mittel den Tod der Frau, so wird derjenige, der die Mittel zu diesem Zweck verabreicht oder bezeichnet hat, zu Zuchthaus verurteilt, wenn die Frau ihre Einwilligung zu der Abtreibung gegeben hat, und mit Zwangsarbeit von zehn Jahren bis zu fünfzehn Jahren, wenn sie ihre Einwilligung nicht gegeben hat.

Artikel 353

Ist der Schuldige Arzt, Chirurg, Geburtshelfer, Hebamme, Sanitätsbeamter oder Apotheker, so werden in den in den Artikeln 348, 350 und 352 aufgeführten Fällen die entsprechenden Strafen, die in diesen Artikeln angedroht sind, durch Zuchthaus, Zwangsarbeit von zehn Jahren bis zu fünfzehn Jahren oder Zwangsarbeit von fünfzehn Jahren bis zu zwanzig Jahren ersetzt, je nachdem, ob es sich um Gefängnisstrafe, Zuchthaus oder Zwangsarbeit von zehn Jahren bis zu fünfzehn Jahren handelt.

KAPITEL II

Von der Aussetzung und dem Verlassen von Kindern

Artikel 354

Mit Gefängnis von einem Monat bis zu einem Jahr und mit Geldstrafe von sechsundzwanzig Franken bis zu einhundert Franken wird bestraft, wer ein Kind oder einen Hilflosen, der auf Grund seines körperlichen oder geistigen Zustandes nicht in der Lage ist, sich selbst zu schützen, an einem nicht einsamen Ort aussetzt oder aussetzen läßt oder verläßt oder verlassen läßt.

(Gesetz vom 15. Mai 1912, Artikel 56)

Artikel 355

Die in dem vorhergehenden Artikel aufgeführten Vergehen werden mit Gefängnis von drei Monaten bis zu zwei Jahren und mit Geldstrafe von sechsundzwanzig Franken bis zu zweihundert Franken bestraft, wenn sie von den ehelichen oder natürlichen Eltern oder von Personen, denen das Kind oder der Hilflose anvertraut ist, begangen werden.

(Gesetz vom 15. Mai 1912, Artikel 56)

Artikel 356

Ist das Kind oder der Hilflose infolge des Verlassens verstümmelt oder verkrüppelt geblieben oder hat es eine Krankheit oder Arbeitsunfähigkeit davongetragen, so werden die Schuldigen bestraft:

in dem in Artikel 354 aufgeführten Fall mit Gefängnis von sechs Monaten bis zu zwei Jahren und mit Geldstrafe von sechsundzwanzig Franken bis zu zweihundert Franken;

in dem Falle des Artikels 355 mit Gefängnis von einem Jahr bis zu drei Jahren und mit Geldstrafe von fünfzig Franken bis zu dreihundert Franken.

(Gesetz vom 15. Mai 1912, Artikel 56)

Artikel 357

Verursacht das Verlassen den Tod des Kindes oder des Hilflosen, so wird der Schuldige bestraft:

im Falle des Artikels 354 mit Gefängnis von einem Jahr bis zu drei Jahren und mit Geldstrafe von fünfzig Franken bis zu dreihundert Franken,

im Falle des Artikels 355 mit Gefängnis von zwei Jahren bis zu fünf Jahren und mit Geldstrafe von fünfzig Franken bis zu dreihundert Franken.

(Gesetz vom 15. Mai 1912, Artikel 56)

Artikel 358

Mit Gefängnis von sechs Monaten bis zu drei Jahren und mit Geldstrafe von fünfzig Franken bis zu dreihundert Franken wird bestraft, wer ein Kind oder einen Hilflosen, der auf Grund seines körperlichen oder geistigen Zustandes nicht in der Lage ist, sich selbst zu schützen, an einem einsamen Ort verläßt oder verlassen läßt.

(Gesetz vom 15. Mai 1912, Artikel 56)

Artikel 359

Die Gefängnisstrafe beträgt ein Jahr bis zu fünf Jahren und die Geldstrafe einhundert Franken bis zu dreihundert Franken, wenn es sich bei den des Verlassens Schuldigen um die ehelichen oder natürlichen Eltern oder um Personen handelt, denen das Kind oder der Hilflose anvertraut war.

(Gesetz vom 15. Mai 1912, Artikel 56)

Artikel 360

Ist das Kind oder der Hilflose infolge des in den beiden vorhergehenden Artikeln erwähnten Verlassens verstümmelt oder verkrüppelt geblieben, so werden die Schuldigen mit Zuchthaus bestraft.

Hat das Verlassen den Tod verursacht, so werden die Schuldigen zu Zwangsarbeit von zehn Jahren bis zu fünfzehn Jahren verurteilt.

(Gesetz vom 15. Mai 1912, Artikel 56)

Artikel 360 a

Sofern nicht gegebenenfalls strengere strafrechtliche Bestimmungen Anwendung finden, werden mit Gefängnis von acht Tagen bis zu zwei Monaten und mit Geldstrafe von fünfzig Franken bis zu fünfhundert Franken oder mit einer dieser Strafen allein bestraft

die ehelichen, natürlichen oder Adoptiv-Eltern, die ihr Kind gröblich vernachlässigen, wenn auch nicht allein lassen, die sich weigern, es wieder zu sich zu nehmen, oder die, wenn sie das Kind einem Dritten anvertraut haben, sich weigern, Unterhalt für dasselbe zu zahlen.

(Gesetz vom 15. Mai 1912, Artikel 60)

KAPITEL III

Von den Verbrechen und Vergehen zur Verhinderung oder zur Vernichtung des Nachweises über den Personenstand des Kindes

Artikel 361

Wer bei einer Entbindung zugegen war und die in den Artikeln 55, 56 und 57 des Zivilgesetzbuchs vorgeschriebene Erklärung nicht abgibt, wird mit Gefängnis von acht Tagen bis zu drei Monaten und mit Geldstrafe von sechsundzwanzig Franken bis zu zweihundert Franken oder mit einer dieser Strafen allein bestraft.

Artikel 362

Mit den in dem vorhergehenden Artikel angedrohten Strafen wird bestraft, wer ein neugeborenes Kind findet und es nicht wie in Artikel 58 des Zivilgesetzbuchs vorgeschrieben innerhalb von drei Tagen dem Standesbeamten übergibt.

Diese Bestimmung findet keine Anwendung auf denjenigen, der sich bereit erklärt, sich des Kindes anzunehmen, und seine diesbezügliche Erklärung vor der Gemeindebehörde des Ortes, an dem das Kind gefunden worden ist, abgibt.

Artikel 363

Mit Zuchthaus wird bestraft, wer ein Kind unterdrückt, vertauscht oder es einer Frau, die nicht entbunden hat, unterschiebt.

Die gleiche Strafe findet auf denjenigen Anwendung, der den Auftrag gibt, die in dem vorhergehenden Absatz erwähnten strafbaren Handlungen zu begehen, falls dieser Auftrag ausgeführt wird.

Artikel 364

Wer ein Kind unter sieben Jahren entführt oder entführen läßt, wird mit Zuchthaus bestraft, selbst wenn das Kind freiwillig dem Entführer gefolgt ist.

Artikel 365

Wer ein Kind unter dem erwähnten Alter verbirgt oder verbergen läßt, wird mit Gefängnis von einem Jahr bis zu fünf Jahren und mit Geldstrafe von fünfzig Franken bis zu fünfhundert Franken bestraft.

Artikel 366

Wer ein ihm anvertrautes Kind unter sieben Jahren in eine Pflegeanstalt bringt oder bringen läßt, wird mit Gefängnis von einem Monat bis zu sechs Monaten und mit Geldstrafe von sechsundzwanzig Franken bis zu einhundert Franken bestraft.

Es wird jedoch keine Strafe verhängt, wenn er nicht verpflichtet war oder sich nicht verpflichtet hatte, kostenlos für die Ernährung und den Unterhalt des Kindes zu sorgen, und wenn sonst niemand dafür gesorgt hat.

Besondere Bestimmung

Artikel 367

Mit Gefängnis von acht Tagen bis zu einem Jahr und mit Geldstrafe von sechsundzwanzig Franken bis zu einhundert Franken wird bestraft, wer ein ihm anvertrautes Kind unter sieben Jahren nicht den Personen zur Verfügung hält, die einen Anspruch darauf haben.

KAPITEL IV

Von der Entführung Minderjähriger

Artikel 368

Mit Gefängnis von einem Jahr bis zu fünf Jahren und mit Geldstrafe von fünfzig Franken bis zu fünfhundert Franken wird bestraft, wer durch Gewalt, List oder Drohung eine minderjährige Person entführt oder entführen läßt.

Der Schuldige kann außerdem zum Verlust von Rechten nach Maßgabe des Artikels 33 verurteilt werden.

Artikel 369

Ist die auf diese Weise entführte Person ein Mädchen unter sechzehn Jahren, so ist die Strafe Zuchthaus.

Artikel 369 a

Mit Gefängnis von acht Tagen bis zu einem Jahr und mit Geldstrafe von sechsundzwanzig Franken bis zu eintausend Franken oder mit einer dieser Strafen allein werden bestraft:

Väter oder Mütter, die ihr minderjähriges Kind dem auf Grund des Kinderschutzgesetzes gegen sie eingeleiteten Verfahren entziehen oder zu entziehen versuchen, die das Kind der Aufsicht der Personen, denen es die Justizbehörde oder der Justizminister anvertraut hat, entziehen oder zu entziehen versuchen, und diejenigen, die das Kind nicht zur Verfügung der Personen halten, die darauf einen Anspruch haben, sowie diejenigen, die das Kind, sei es auch mit seiner Einwilligung, entführen oder entführen lassen.[1])

Ist dem Schuldigen die elterliche Gewalt ganz oder teilweise entzogen worden, so kann die Gefängnisstrafe auf drei Jahre erhöht werden.

(Gesetz vom 15. Mai 1912, Artikel 57)

Artikel 370

Wer ein Mädchen unter achtzehn Jahren entführt oder entführen läßt, das seiner Entführung zustimmt oder freiwillig seinem Entführer folgt, wird, wenn er volljährig ist, mit Gefängnis von zwei Jahren bis zu fünf Jahren und mit Geldstrafe von fünfzig Franken bis zu fünfhundert Franken bestraft; er kann darüber hinaus zum Verlust von Rechten nach Maßgabe des Artikels 33 des Strafgesetzbuchs verurteilt werden.

Er wird mit Gefängnis von drei Monaten bis zu einem Jahr und mit Geldstrafe von fünfzig Franken bis zu dreihundert Franken bestraft, wenn er minderjährig ist.

(Gesetz vom 15. Mai 1912, Artikel 55)

Artikel 371

Der Entführer, der das Mädchen, das er entführt hat oder entführen ließ, geheiratet hat, und diejenigen, die bei der Entführung mitgewirkt haben, können nur verfolgt werden, wenn die Ehe rechtskräftig für nichtig erklärt worden ist.

---

[1]) Die Kindesentziehung im Falle einer Scheidung ist nach Artikel 1 des Gesetzes vom 20. Juli 1927 strafbar.

KAPITEL V

Von den unzüchtigen Handlungen und der Notzucht

Artikel 372

Die unzüchtige Handlung, die ohne Gewalt oder Drohung an der Person oder mit Hilfe der Person eines Kindes des einen oder anderen Geschlechts unter sechzehn Jahren begangen wird, wird mit Zuchthaus bestraft.

Mit Zwangsarbeit von zehn Jahren bis zu fünfzehn Jahren wird die unzüchtige Handlung bestraft, die ohne Gewalt oder Drohung von einem Verwandten aufsteigender Linie an der Person oder mit Hilfe der Person eines Minderjährigen begangen wird, auch wenn dieser das sechzehnte Lebensjahr bereits vollendet hat, aber nicht durch eine Eheschließung mündig geworden ist.

(Gesetz vom 15. Mai 1912, Artikel 48)

Artikel 373

Die unzüchtige Handlung, die durch Gewalt oder Drohung an Personen des einen oder anderen Geschlechts begangen wird, wird mit Gefängnis von sechs Monaten bis zu fünf Jahren bestraft.

Wird die Handlung an der Person eines Minderjährigen begangen, der das sechzehnte Lebensjahr vollendet hat, so wird der Schuldige mit Zuchthaus bestraft.

Die Strafe ist Zwangsarbeit von zehn Jahren bis zu fünfzehn Jahren, wenn der Minderjährige unter sechzehn Jahre alt war.

(Gesetz vom 15. Mai 1912, Artikel 49)

Artikel 374

Eine unzüchtige Handlung liegt vor, sobald mit ihrer Ausführung begonnen worden ist.

Artikel 375

Mit Zuchthaus wird bestraft, wer mittels Gewalt, schwerer Drohung oder List oder durch Mißbrauch einer Person, die infolge Krankheit, durch Beeinträchtigung ihrer Fähigkeiten oder aus einem sonstigen, zufälligen Grund den Gebrauch ihrer Sinne verloren hat oder durch Kunstgriffe ihrer beraubt worden ist, Notzucht begeht. **(Gesetz vom 15. Mai 1921, Artikel 50)**

Wird das Verbrechen an der Person eines Kindes begangen, das das sechzehnte Lebensjahr vollendet hat, so wird der Schuldige mit Zwangsarbeit von zehn Jahren bis zu fünfzehn Jahren bestraft. **(Gesetz vom 14. Mai 1937, Artikel 1)**

Wird das Verbrechen an der Person eines Kindes begangen, das zwar das vierzehnte, aber noch nicht das sechzehnte Lebensjahr vollendet hat, so wird der Schuldige mit Zwangsarbeit von fünfzehn Jahren bis zu zwanzig Jahren bestraft.

Als Notzucht mittels Gewalt gilt schon die fleischliche Annäherung der Geschlechter, wenn sie an der Person eines Kindes begangen wird, das das vierzehnte Lebensjahr nicht vollendet hat. In diesem Fall ist die Strafe Zwangsarbeit von fünfzehn Jahren bis zu zwanzig Jahren.

Sie ist lebenslängliche Zwangsarbeit, wenn das Kind das zehnte Lebensjahr noch nicht vollendet hat.

(Gesetz vom 15. Mai 1912, Artikel 50)

Artikel 376

Verursacht die Notzucht oder die unzüchtige Handlung den Tod der Person, an der sie begangen worden ist, so wird der Schuldige mit Zwangsarbeit von fünfzehn Jahren bis zu zwanzig Jahren bestraft.

Hat das Opfer das sechzehnte Lebensjahr noch nicht vollendet, so wird der Schuldige mit lebenslänglicher Zwangsarbeit bestraft.

(Gesetz vom 15. Mai 1912, Artikel 51)

Artikel 377

Ist der Schuldige ein Verwandter aufsteigender Linie, der Lehrer oder bezahlte Diener des Opfers, gehört er der Gruppe derjenigen an, die Machtbefugnisse über es haben, ist er der bezahlte Diener eines Verwandten aufsteigender Linie oder eines Lehrers des Opfers oder einer Person, die Machtbefugnisse über es hat, hat er als Geistlicher oder als öffentlicher Bediensteter seine Stellung mißbraucht, um die Handlung zu begehen, ist er Arzt, Chirurg, Geburtshelfer oder Sanitätsbeamter und war das Kind seiner Obhut anvertraut, oder ist der Schuldige, wer er auch sei, in dem Fall der Artikel 373, 375 und 376 bei der Ausführung des Verbrechens oder Vergehens von einer oder mehreren Personen unterstützt worden, so werden die Strafen wie folgt festgesetzt (Gesetz vom 15. Mai 1912, Artikel 52):

in den in Artikel 372 Absatz 1 und in Artikel 373 Absatz 2 aufgeführten Fällen ist die Strafe Zwangsarbeit von zehn Jahren bis zu fünfzehn Jahren; (Gesetz vom 14. Mai 1937, Artikel 2 Nr. 1)

in dem in Artikel 373 Absatz 1 aufgeführten Fall wird die Mindestgefängnisstrafe verdoppelt; (Gesetz vom 15. Mai 1912, Artikel 52)

in den in Artikel 373 Absatz 3 und in Artikel 375 Absatz 2 aufgeführten Fällen ist die Strafe Zwangsarbeit von mindestens zwölf Jahren; (Gesetz vom 14. Mai 1937, Artikel 2 Nr. 2)

in dem in Artikel 375 Absatz 1 aufgeführten Fall ist die Strafe Zuchthaus von mindestens sieben Jahren; (Gesetz vom 15. Mai 1912, Artikel 52)

in den in Artikel 375 Absatz 3 und 4 und in Artikel 376 Absatz 1 aufgeführten Fällen ist die Strafe Zwangsarbeit von mindestens siebzehn Jahren. (Gesetz vom 14. Mai 1937, Artikel 2 Nr. 3)

(Absatz 7 ist durch Gesetz vom 14. Mai 1937, Artikel 2 Nr. 4 aufgehoben worden)

Artikel 378

In den in diesem Kapitel aufgeführten Fällen werden die Schuldigen zum Verlust der in Artikel 31 Nr. 1, 3, 4 und 5 erwähnten Rechte verurteilt.

Wird die Handlung von dem Vater oder der Mutter begangen, so werden dem Schuldigen außerdem die ihm hinsichtlich der Person und des Vermögens des Kindes durch das Zivilgesetzbuch, Buch I, Teil IX, „Von der elterlichen Gewalt", gewährten Rechte und Vergünstigungen aberkannt.

KAPITEL VI

Von dem Verleiten Jugendlicher zur Unzucht und zur Prostitution[1])

Artikel 379

Wer sich gegen die Sittlichkeit vergeht, indem er zwecks Befriedigung der Leidenschaft anderer zur Unzucht, zur Verleitung zur Unzucht oder zur Prostitution eines Minderjährigen des einen oder anderen Geschlechts, dessen Minderjährigkeit ihm bekannt ist, aufreizt, sie erleichtert oder begünstigt, wird mit Gefängnis von einem Jahr bis zu fünf Jahren und mit Geldstrafe von einhundert Franken bis zu fünftausend Franken bestraft, wenn der Minderjährige sein sechzehntes Lebensjahr vollendet hat.

Er wird mit Zuchthaus bestraft, wenn der Minderjährige dieses Alter noch nicht erreicht hat.

Die Strafe ist Zwangsarbeit von zehn Jahren bis zu fünfzehn Jahren, wenn der Minderjährige noch nicht das Alter von vierzehn Jahren erreicht hat.

Sie ist Zwangsarbeit von fünfzehn Jahren bis zu zwanzig Jahren, wenn das Kind das Alter von zehn Jahren noch nicht erreicht hat.

(Gesetz vom 26. Mai 1914, Artikel 1)

Artikel 380

Wer sich gegen die Sittlichkeit vergeht, indem er zwecks Befriedigung der Leidenschaft anderer zur Unzucht, zur Verleitung zur Unzucht oder zur Prostitution eines Minderjährigen des einen oder anderen Geschlechts, dessen Minderjährigkeit ihm infolge Fahrlässigkeit nicht bekannt ist, aufreizt, sie begünstigt oder erleichtert, wird mit Gefängnis von sechs Monaten bis zu fünf Jahren und mit Geldstrafe von fünfzig Franken bis zu fünftausend Franken bestraft.

(Gesetz vom 21. August 1948, Artikel 2, II)

Artikel 380 a

Mit Gefängnis von einem Jahr bis zu fünf Jahren und mit Geldstrafe von einhundert Franken bis zu fünftausend Franken wird bestraft,

1. wer zwecks Befriedigung der Leidenschaft anderer eine volljährige Person, selbst wenn sie zustimmt oder, mit Ausnahme von den in den beiden vorhergehenden Artikeln aufgeführten Fällen, eine minderjährige Person zur Unzucht oder Prostitution anwirbt oder sie zum Zwecke der Unzucht oder der Prostitution mitnimmt oder vom rechten Wege abbringt.

   Der Versuch wird mit Gefängnis von drei Monaten bis zu drei Jahren und mit Geldstrafe von sechsundzwanzig Franken bis zu dreitausend Franken bestraft;
2. wer ein Bordell unterhält;
3. der Zuhälter.

   Zuhälter ist, wer ganz oder teilweise auf Kosten einer Person lebt, deren Prostitution er ausbeutet.

---

[1]) Jeder Belgier, der im Ausland eine Straftat nach Artikel 379 bis 380 b begeht, kann in Belgien strafrechtlich verfolgt werden (Artikel 2 des Gesetzes über die Unterdrückung des Handels mit Weißen vom 26. Mai 1914).

Bei der Verurteilung kann der Richter ihn der Regierung zur Verfügung stellen, damit er nach Verbüßung seiner Strafe mindestens zwei Jahre und höchstens sieben Jahre in einer besonderen Anstalt verwahrt wird;

4. wer gewohnheitsmäßig in irgendeiner Weise die Unzucht oder die Prostitution eines anderen ausbeutet.

(Gesetz vom 21. August 1948, Artikel 2, I)

Artikel 380 b

Wer eine Person, auch wenn sie volljährig ist, gegen ihren Willen in einem Bordell festhält, selbst wenn dies wegen eingegangener Schulden geschieht, oder eine volljährige Person zwingt, Unzucht oder Prostitution zu treiben, wird mit Gefängnis von einem Jahr bis zu fünf Jahren und mit Geldstrafe von einhundert Franken bis zu fünftausend Franken bestraft.

(Gesetz vom 21. August 1948, Artikel 2, III)

Artikel 380 c

Mit Gefängnis von acht Tagen bis zu drei Monaten und mit Geldstrafe von sechsundzwanzig Franken bis zu fünfhundert Franken wird bestraft, wer an einem öffentlichen Ort durch Worte, Gesten oder Zeichen eine Person zur Unzucht auffordert. Die Strafe wird verdoppelt, wenn das Vergehen gegenüber einem Minderjährigen begangen wird.

Mit Gefängnis von einem Monat bis zu einem Jahr und mit Geldstrafe von einhundert Franken bis zu eintausend Franken wird bestraft, wer durch irgendein Mittel der Veröffentlichung, selbst wenn er die Art seines Angebots oder Verlangens durch Umschreibungen verschleiert, bekanntgibt, daß er Prostitution treibt, daß er die Prostitution anderer fördert oder daß er mit einer Person in Verbindung zu treten wünscht, die Unzucht treibt.

(Gesetz vom 21. August 1948, Artikel 3)

Artikel 381

Das Mindestmaß der in den vorhergehenden Artikeln angedrohten Strafen wird entsprechend Artikel 266 erhöht,

wenn der Schuldige ein Verwandter aufsteigender Linie der Person ist, der gegenüber das Vergehen begangen worden ist;

wenn er zu der Gruppe derjenigen gehört, die Machtbefugnis über sie haben;

wenn er ihr Lehrer, ihr bezahlter Diener oder der Diener der vorstehend bezeichneten Personen ist;

wenn er öffentlicher Bediensteter oder Geistlicher ist.

(Gesetz vom 26. Mai 1914, Artikel 1)

Artikel 382

In den in den Artikeln 379, 380, 380 a, 380 b und 381 dieses Kapitels aufgeführten Fällen werden die Schuldigen außerdem zum Verlust der in Artikel 31 Nr. 1, 3, 4 und 5 erwähnten Rechte verurteilt.

Wird die strafbare Handlung von dem Vater oder der Mutter begangen, so werden dem Schuldigen außerdem die ihm hinsichtlich der Person und des Vermögens des Kindes durch das Zivilgesetzbuch, Buch I, Teil IX, „Von der elterlichen Gewalt“ gewährten Rechte und Vergünstigungen aberkannt.

(Gesetz vom 26. Mai 1914, Artikel 1)

Die Gerichte können dem Verurteilten für die Dauer von einem Jahr bis zu drei Jahren nach Verbüßung seiner Strafe untersagen, selbst oder durch einen Geschäftsführer oder eine Geschäftsführerin einen Ausschank, ein Stellenvermittlungsbüro, einen Tabak- oder Rauchwarenladen, ein Konzert-Café, ein öffentliches Tanzlokal, einen Massage-Salon oder einen Manikure-Salon zu führen oder in irgendeiner Eigenschaft darin beschäftigt zu sein. Jede Zuwiderhandlung gegen dieses Verbot wird mit Gefängnis von einem Monat bis zu drei Monaten und mit Geldstrafe von einhundert Franken bis zu eintausend Franken bestraft.

(Gesetz vom 21. August 1948, Artikel 4, 2)

KAPITEL VII

Von der öffentlichen Verletzung der guten Sitten

Artikel 383

Wer Lieder, Pamphlete oder sonstige gedruckte oder nichtgedruckte Schriftstücke, Figuren oder Abbildungen, die gegen die guten Sitten verstoßen, ausstellt, verkauft oder verbreitet, wird mit Gefängnis von acht Tagen bis zu sechs Monaten und mit Geldstrafe von sechsundzwanzig Franken bis zu fünfhundert Franken bestraft.

Mit den gleichen Strafen wird bestraft, wer in den in Artikel 444 Absatz 2 erwähnten öffentlichen Versammlungen oder an der Öffentlichkeit zugänglichen Orten Obszönitäten singt, liest, vorträgt, hören läßt oder ausspricht. (Gesetz vom 29. Januar 1905, Artikel 1)

Mit den gleichen Strafen wird bestraft, wer zum Zwecke des Handels oder der Verbreitung Lieder, Pamphlete, Schriftstücke, Figuren oder Abbildungen, die gegen die guten Sitten verstoßen, herstellt, aufbewahrt, in das Land einführt oder einführen läßt, befördert oder befördern läßt, einem Transport- oder Vertriebsunternehmer übergibt oder durch irgendein Mittel der Veröffentlichung ankündigt,

wer Sinnbilder oder Gegenstände, die gegen die guten Sitten verstoßen, ausstellt, verkauft oder verbreitet, wer sie zum Zwecke des Handels oder der Verbreitung herstellt oder aufbewahrt, in das Land einführt oder einführen läßt, befördert oder befördern läßt, einem Transport- oder Vertriebsunternehmer übergibt oder durch irgendein Mittel der Veröffentlichung ankündigt.

(Gesetz vom 14. Juni 1926)

Wer durch Ausstellen, Verkauf oder Verbreitung von gedruckten oder nichtgedruckten Schriftstücken oder durch ein anderes Mittel der Veröffentlichung den Gebrauch irgendwelcher Abtreibungsmittel anpreist, Hinweise über die Art, sie sich zu beschaffen oder zu gebrauchen, gibt, oder Personen, die sie anwenden, zum Zwecke der Empfehlung nennt;

wer ausdrücklich zur Abtreibung bestimmte oder als solche angekündigte Drogen oder Hilfsmittel ausstellt, verkauft, verbreitet, herstellt oder herstellen läßt, in das Land einführen oder befördern läßt, einem Transport- oder Vertriebsunternehmer übergibt oder durch irgendein Mittel der Veröffentlichung ankündigt;

wer Gegenstände ausstellt oder verbreitet, die besonders zur Verhütung der Empfängnis bestimmt sind, oder Reklame macht, um den Verkauf derselben zu fördern;

wer in gewinnsüchtiger Absicht die Leidenschaften anderer dadurch fördert, daß er gedruckte oder nichtgedruckte Schriftstücke verkauft oder verbreitet, die Mittel zur Verhütung der Empfängnis bekanntgeben, ihren Gebrauch anpreisen oder Hinweise über die Art und Weise geben, wie sie zu beschaffen oder zu gebrauchen sind;

wer zum Zwecke des Handels oder der Verbreitung die im vorhergehenden Absatz erwähnten Schriftstücke herstellt, herstellen läßt, in das Land einführen oder befördern läßt, einem Transport- oder Vertriebsunternehmer übergibt oder durch irgendein Mittel der Veröffentlichung ankündigt.

(Gesetz vom 20. Juni 1923, Artikel 1)

Artikel 384

In dem in dem vorhergehenden Artikel aufgeführten Fall wird der Urheber des Schriftstückes, der Figur, der Abbildung oder des Gegenstandes mit Gefängnis von einem Monat bis zu einem Jahr und mit Geldstrafe von fünfzig Franken bis zu eintausend Franken bestraft.

(Gesetz vom 14. Juni 1926)

Artikel 385

Wer öffentlich durch Handlungen, die das Schamgefühl verletzen, gegen die guten Sitten verstößt, wird mit Gefängnis von acht Tagen bis zu einem Jahr und mit Geldstrafe von sechsundzwanzig Franken bis zu fünfhundert Franken bestraft.

Wird die Verletzung der guten Sitten in Gegenwart eines Kindes begangen, das das sechzehnte Lebensjahr noch nicht vollendet hat, so ist die Strafe Gefängnis von einem Monat bis zu drei Jahren und Geldstrafe von einhundert Franken bis zu eintausend Franken. (Gesetz vom 15. Mai 1912, Artikel 53)

Artikel 386

Die in den Artikeln 383 und 385 aufgeführten Strafen können verdoppelt werden, wenn das Vergehen gegenüber einem Minderjährigen begangen wird. (Gesetz vom 29. Januar 1905, Artikel 2)

In den in diesem Kapitel aufgeführten Fällen können die Schuldigen darüber hinaus zum Verlust der in Artikel 31 Nr. 1, 3, 4 und 5 erwähnten Rechte verurteilt werden.

Artikel 386 a

Mit Geldstrafe von sechsundzwanzig Franken bis zu fünfhundert Franken wird bestraft, wer an Kinder unter sechzehn Jahren unzüchtige Abbildungen, Figuren oder Gegenstände, die geeignet sind, ihre Vorstellung zu verwirren, verkauft oder verbreitet oder sie auf einer öffentlichen Straße oder neben einer solchen ausstellt.

Die ausgestellten oder zum Verkauf angebotenen oder verbreiteten Abbildungen, Figuren und Gegenstände werden auf Anordnung des Friedensrichters des Bezirks von jedem Beamten der Gerichtspolizei beschlagnahmt; im Falle der Verurteilung wird ihre Einziehung stets ausgesprochen.

(Gesetz vom 31. März 1936)

KAPITEL VIII

Vom Ehebruch und der Doppelehe

Artikel 387

Die des Ehebruchs überführte Frau wird zu Gefängnis von drei Monaten bis zu zwei Jahren verurteilt.

Dem Ehemann steht es frei, die Wirkung dieser Verurteilung dadurch aufzuheben, daß er sich bereit erklärt, seine Frau wieder bei sich aufzunehmen.

Artikel 388

Die in dem vorhergehenden Artikel angedrohte Strafe findet auf den Mittäter der Ehebrecherin Anwendung.

Die einzigen Beweise, die gegen diesen Mittäter zugelassen werden können, sind, wenn er nicht auf frischer Tat ergriffen wird, diejenigen, die sich aus Briefen und sonstigen von ihm geschriebenen Schriftstücken ergeben.

Artikel 389

Der Ehemann, der überführt wird, im ehelichen Haus eine Konkubine unterhalten zu haben, wird zu Gefängnis von einem Monat bis zu einem Jahr verurteilt.

Die Ehefrau kann die Wirkung dieser Verurteilung dadurch aufheben, daß sie die Freilassung ihres Ehemannes beantragt.

Artikel 390

Die Verfolgung oder Verurteilung wegen Ehebruchs kann nur auf Antrag des Ehegatten eintreten, der behauptet, verletzt zu sein.

Artikel 391

Wer durch eine Ehe gebunden ist und vor Auflösung derselben eine neue Ehe eingeht, wird mit Zuchthaus bestraft.

KAPITEL IX

Von der Vernachlässigung der Familie

Artikel 391 a

Mit Gefängnis von acht Tagen bis zu zwei Monaten und mit Geldstrafe von fünfzig Franken bis zu fünfhundert Franken oder mit einer dieser Strafen allein wird bestraft, sofern nicht gegebenenfalls strengere strafrechtliche Bestimmungen Anwendung finden, jede Person, die, nachdem sie durch eine Gerichtsentscheidung, die nicht mehr durch Berufung oder Beschwerde angefochten werden kann, dazu verurteilt worden ist, ihrem Lebensgefährten oder ihren Verwandten aufsteigender oder absteigender Linie laufend Unterhalt zu leisten, vorsätzlich mehr als zwei Monate im Rückstand bleibt, ohne die Fristen einzuhalten.

Mit den gleichen Strafen wird unter den in dem vorhergehenden Absatz aufgeführten Voraussetzungen die Nichterfüllung der in Artikel 206, 207, 301, 340 b, 340 c und 349 des Zivilgesetzbuchs behandelten Verpflichtungen bestraft.

Die gleichen Strafen sind anwendbar auf den Ehegatten, der vorsätzlich den Rechtswirkungen einer von dem Richter auf Grund des Artikels 214 b des Zivilgesetzbuchs erteilten Ermächtigung ganz oder teilweise seine Einkünfte, Guthaben oder Arbeitserträge, auf die sich diese Ermächtigung bezieht, entzieht, nachdem die Ermächtigung nicht mehr durch Beschwerde oder Berufung angefochten werden kann.

(Gesetz vom 14. Januar 1928, Artikel 1, geändert durch Gesetz vom 17. Januar 1939, Artikel 1)

TEIL VIII

Von den Verbrechen und den Vergehen gegen die Person

KAPITEL I

Von der vorsätzlichen Tötung und der vorsätzlichen Körperverletzung

Artikel 392

Als vorsätzliche Straftaten gelten die Tötung und die Körperverletzungen, die mit dem Vorsatz begangen oder verursacht werden, einen Anschlag auf die Person eines bestimmten, aufgesuchten oder zufällig angetroffenen Menschen durchzuführen, selbst wenn dieser Vorsatz von irgendeinem Umstand oder irgendeiner Bedingung abhängig ist und auch dann, wenn sich der Täter in der Person des Opfers seines Anschlags irrt.

Abschnitt I

Vom Totschlag und seinen verschiedenen Arten

Artikel 393

Die Tötung, die in der Absicht begangen wird, den Tod herbeizuführen, gilt als Totschlag. Er wird mit lebenslänglicher Zwangsarbeit bestraft.

Artikel 394

Der mit Vorbedacht begangene Totschlag gilt als Mord. Er wird mit dem Tode bestraft.

Artikel 395

Als Verwandtenmord gilt der Totschlag von Vater, Mutter und anderen ehelichen Verwandten aufsteigender Linie sowie der Totschlag an dem natürlichen Vater und der natürlichen Mutter; er wird mit dem Tode bestraft.

Artikel 396

Als Kindestötung gilt der Totschlag, der an einem Kind im Augenblick seiner Geburt oder unmittelbar danach begangen wird.

Die Kindestötung wird je nach den Umständen als Totschlag oder als Mord bestraft.

Die Mutter, die dieses Verbrechen an ihrem unehelichen Kind begeht, wird jedoch mit Zwangsarbeit von zehn Jahren bis zu fünfzehn Jahren bestraft.

Begeht sie dieses Verbrechen mit Vorbedacht, so wird sie mit Zwangsarbeit von fünfzehn Jahren bis zu zwanzig Jahren bestraft.

Artikel 397

Als Giftmord gilt der Totschlag, der mittels Substanzen begangen wird, die mehr oder weniger rasch den Tod herbeiführen können, gleich auf welche Weise diese Substanzen angewendet oder verabreicht werden. Er wird mit dem Tode bestraft.

Abschnitt II

Von der nicht als Totschlag geltenden vorsätzlichen Tötung und der vorsätzlichen Körperverletzung

Artikel 398

Wer vorsätzlich Wunden zufügt oder Schläge austeilt, wird mit Gefängnis von acht Tagen bis zu sechs Monaten und mit Geldstrafe von sechsundzwanzig Franken bis zu einhundert Franken oder mit einer dieser Strafen allein bestraft.

Handelt der Schuldige mit Vorbedacht, so wird er mit Gefängnis von einem Monat bis zu einem Jahr und mit Geldstrafe von fünfzig Franken bis zu zweihundert Franken bestraft.

Artikel 399

Haben die Schläge oder die Wunden eine Krankheit oder eine Unfähigkeit zur persönlichen Arbeit verursacht, so wird der Schuldige mit Gefängnis von zwei Monaten bis zu zwei Jahren und mit Geldstrafe von fünfzig Franken bis zu zweihundert Franken bestraft.

Der Schuldige wird mit Gefängnis von sechs Monaten bis zu drei Jahren und mit Geldstrafe von einhundert Franken bis zu fünfhundert Franken bestraft, wenn er mit Vorbedacht gehandelt hat.

Artikel 400

Die Strafe ist Gefängnis von zwei Jahren bis zu fünf Jahren und Geldstrafe von zweihundert Franken bis zu fünfhundert Franken, wenn die Schläge oder die Wunden eine anscheinend unheilbare Krankheit, eine dauernde Unfähigkeit zur persönlichen Arbeit, den Verlust der vollen Gebrauchsfähigkeit eines Organs oder eine schwere Verstümmelung herbeiführen.

Die Strafe ist Zuchthaus, wenn Vorbedacht vorliegt.

Artikel 401

Verursachen die vorsätzlich ausgeführten Schläge oder die vorsätzlich zugefügten Wunden den Tod, ohne daß Tötungsabsicht bestand, so wird der Schuldige mit Zuchthaus bestraft.

Er wird mit Zwangsarbeit von zehn Jahren bis zu fünfzehn Jahren bestraft, wenn er diese Gewalttätigkeiten mit Vorbedacht begeht.

Artikel 401 a

Mit den in den Artikeln 398 und 401 angedrohten Strafen und unter Berücksichtigung der dort aufgestellten Unterscheidungsmerkmale wird bestraft, wer vorsätzlich ein Kind unter sechzehn Jahren oder eine Person, die wegen ihres körperlichen oder geistigen Zustandes nicht in der Lage ist, sich selbst zu unterhalten, in einem die Gesundheit gefährdenden Maße der Nahrung oder Obhut beraubt.

(Gesetz vom 15. Mai 1912, Artikel 58)

Artikel 402

Mit Gefängnis von drei Monaten bis zu fünf Jahren und mit Geldstrafe von fünfzig Franken bis zu fünfhundert Franken wird bestraft, wer die Krankheit eines anderen oder seine Unfähigkeit zur persönlichen Arbeit verursacht, indem er ihm vorsätzlich, aber ohne Tötungsabsicht, Substanzen verabreicht, die den Tod herbeiführen können, oder Substanzen, die zwar nicht den Tod herbeiführen, aber die Gesundheit schwer beeinträchtigen können.

Artikel 403

Die Strafe ist Zuchthaus, wenn die Substanzen eine anscheinend unheilbare Krankheit, eine dauernde Unfähigkeit zur persönlichen Arbeit oder den Verlust der vollen Gebrauchsfähigkeit eines Organs verursacht haben.

Artikel 404

Verursachen die vorsätzlich, aber ohne Tötungsabsicht verabreichten Substanzen dennoch den Tod, so wird der Schuldige mit Zwangsarbeit von fünfzehn Jahren bis zu zwanzig Jahren bestraft.

Artikel 405

Der Versuch, einem anderen ohne Tötungsabsicht Substanzen der in Artikel 402 erwähnten Art zu verabreichen, wird mit Gefängnis von einem Monat bis zu drei Jahren und mit Geldstrafe von sechsundzwanzig Franken bis zu dreihundert Franken bestraft.

Artikel 406

Mit Zuchthaus wird bestraft, wer vorsätzlich den Verkehr eines Zuges auf dem Schienenweg hindert, indem er irgendwelche Gegenstände dort niederlegt, die Schienen oder ihre Träger in Unordnung bringt, die Bolzen oder Laschen entfernt oder ein anderes Mittel anwendet, das geeignet ist, den Zug zum Halten oder zum Entgleisen zu bringen.

Artikel 407

Verursacht die Tat Wunden der in Artikel 399 erwähnten Art, so wird der Schuldige zu Zwangsarbeit von zehn Jahren bis zu fünfzehn Jahren verurteilt. Er wird zu Zwangsarbeit von fünfzehn Jahren bis zu zwanzig Jahren verurteilt, wenn die Wunden der in Artikel 400 erwähnten Art sind.

Artikel 408

Hat die Tat den Tod einer Person verursacht, so wird der Schuldige mit lebenslänglicher Zwangsarbeit bestraft.

Artikel 409

(Aufgehoben durch Artikel 31 des Gesetzes vom 9. April 1930 über die soziale Verteidigung)

Artikel 410

Hat der Schuldige in den in den Artikeln 398 bis 405 erwähnten Fällen das Verbrechen oder Vergehen gegen seine ehelichen, natürlichen oder Adoptiveltern oder gegen eheliche Verwandte aufsteigender Linie begangen, so wird die in diesen Artikeln angedrohte Mindeststrafe entsprechend Artikel 266 erhöht.

Das gleiche gilt, wenn das Verbrechen oder Vergehen gegen ein Kind vor dessen vollendetem sechzehnten Lebensjahr oder gegen eine Person, die wegen ihres körperlichen oder geistigen Zustandes nicht in der Lage ist, sich selbst zu unterhalten, von den ehelichen, natürlichen oder Adoptiveltern oder von irgendeiner anderen Person, die die Machtbefugnis oder die Aufsicht über das Kind oder den Hilflosen hat, begangen wird. (Gesetz vom 12. Mai 1912, Artikel 59)

Abschnitt III

Von der entschuldbaren Tötung, der entschuldbaren Zufügung von Wunden und den entschuldbaren Schlägen

Artikel 411

Die Tötung, die Zufügung von Wunden und die Schläge sind entschuldbar, wenn sie durch schwere Gewalttätigkeiten gegen die Person unmittelbar herausgefordert worden sind.

Artikel 412

Die in dem vorhergehenden Artikel erwähnten Verbrechen und Vergehen sind gleichfalls entschuldbar, wenn sie begangen werden, um am Tage das Übersteigen oder Aufbrechen von Einfriedigungen, Mauern oder Eingängen eines Hauses oder einer bewohnten Wohnung oder von dazu gehörenden Grundstücksteilen abzuwehren, sofern nicht festgestellt wird, daß der Handelnde nicht an einen Anschlag gegen die Person als unmittelbares Ziel desjenigen, der einzudringen oder einzubrechen versucht, oder als Folge des Widerstands gegen dessen Absichten glauben konnte.

Artikel 413

Die Tötung, die Zufügung von Wunden und die Schläge sind entschuldbar, wenn das Verbrechen oder Vergehen von einem Ehegatten gegen den anderen und dessen Mitschuldigen in dem Augenblick begangen wird, indem er sie auf frischer Tat beim Ehebruch überrascht.

Artikel 414

Wird der Entschuldigungsgrund nachgewiesen, so wird die Strafe herabgesetzt:

wenn es sich um ein mit dem Tode oder lebenslänglicher Zwangsarbeit bedrohtes Verbrechen handelt, auf Gefängnis von einem Jahr bis zu fünf Jahren und auf Geldstrafe von einhundert Franken bis zu fünfhundert Franken,

wenn es sich um ein anderes Verbrechen handelt, auf Gefängnis von sechs Monaten bis zu zwei Jahren und auf Geldstrafe von fünfzig Franken bis zu zweihundert Franken,

wenn es sich um ein Vergehen handelt, auf Gefängnis von acht Tagen bis zu drei Monaten und auf Geldstrafe von sechsundzwanzig Franken bis zu einhundert Franken.

Artikel 415

Die in diesem Abschnitt aufgezählten Entschuldigungsgründe sind nicht zulässig, wenn der Schuldige das Verbrechen oder das Vergehen gegen seinen Vater, seine Mutter oder andere eheliche Verwandte aufsteigender Linie oder gegen seinen natürlichen Vater oder seine natürliche Mutter begangen hat.

Abschnitt IV

Von der gerechtfertigten Tötung, der gerechtfertigten Zufügung von Wunden und den gerechtfertigten Schlägen

Artikel 416

Weder ein Verbrechen noch ein Vergehen liegt vor, wenn die Tötung, die Zufügung von Wunden und die Schläge durch die gegenwärtige Notwendigkeit der rechtmäßigen Verteidigung des Handelnden selbst oder eines anderen geboten waren.

Artikel 417

Zu den Fällen der gegenwärtigen Notwendigkeit der Verteidigung gehören folgende zwei Fälle:

wenn die Tötung begangen wird, die Wunden zugefügt, die Schläge ausgeführt werden, um während der Nacht das Übersteigen oder Aufbrechen der Einfriedigungen, Mauern oder Eingänge eines Hauses oder einer bewohnten Wohnung oder von dazu gehörenden Grundstücksteilen abzuwehren, sofern nicht festgestellt wird, daß der Handelnde nicht an einen Anschlag gegen die Person als unmittelbares Ziel desjenigen, der einzudringen oder einzubrechen versucht, oder als Folge des Widerstands gegen dessen Absichten glauben konnte;

wenn die Tat zur Verteidigung gegen den Täter eines Diebstahls oder einer Plünderung, die mit Gewalt gegen die Person ausgeführt wird, begangen wird.

KAPITEL II

Von der fahrlässigen Tötung und der fahrlässigen Körperverletzung

Artikel 418

Der fahrlässigen Tötung oder der fahrlässigen Körperverletzung ist schuldig, wer das Unglück durch Mangel an Voraussicht oder Vorsicht, aber ohne die Absicht, einen Anschlag gegen die Person eines anderen auszuführen, verursacht.

Artikel 419

Wer fahrlässig den Tod einer Person verursacht, wird mit Gefängnis von drei Monaten bis zu zwei Jahren und mit Geldstrafe von fünfzig Franken bis zu eintausend Franken bestraft.

Artikel 420

Hat der Mangel an Voraussicht oder Vorsicht nur Schläge oder Wunden zur Folge, so wird der Schuldige mit Gefängnis von acht Tagen bis zu sechs Monaten und mit Geldstrafe von fünfzig Franken bis zu fünfhundert Franken oder mit einer dieser Strafen allein bestraft.

(Gesetz vom 31. März 1936, Artikel 1)

Artikel 420 a

Mit Gefängnis von acht Tagen bis zu zwei Monaten und mit Geldstrafe von fünfzig Franken bis zu fünfhundert Franken oder mit einer dieser Strafen allein wird bestraft, sofern nicht gegebenenfalls strengere strafrechtliche Bestimmungen Anwendung finden, wer die Aufsicht über ein Kind im Alter von weniger als sechzehn Jahren oder über eine Person hat, die wegen ihres körperlichen oder geistigen Zustandes nicht in der Lage ist, sich selbst zu unterhalten, und den Unterhalt dieses Kindes oder dieser Person in einem die Gesundheit gefährdenden Maße vernachlässigt.

(Gesetz vom 15. Mai 1912, Artikel 61, und Gesetz vom 31. März 1936, Artikel 2)

Artikel 421

Mit Gefängnis von acht Tagen bis zu einem Jahr und mit Geldstrafe von sechsundzwanzig Franken bis zu zweihundert Franken oder mit einer dieser Strafen allein wird bestraft, wer fahrlässig die Krankheit eines anderen oder seine Unfähigkeit zur persönlichen Arbeit verursacht, indem er ihm Substanzen verabreicht, die geeignet sind, den Tod herbeizuführen oder die Gesundheit schwer zu beeinträchtigen.

Artikel 422

Verunglückt ein Eisenbahnzug derart, daß die in ihm reisenden Personen in Gefahr geraten, so wird derjenige, der dieses Unglück fahrlässig verursacht hat, mit Gefängnis von acht Tagen bis zu zwei Monaten und mit Geldstrafe von sechsundzwanzig Franken bis zu zweihundert Franken oder mit einer dieser Strafen allein bestraft.

Hat das Unglück Körperverletzungen zur Folge, so wird der Schuldige mit Gefängnis von einem Monat bis zu drei Jahren und mit Geldstrafe von fünfzig Franken bis zu dreihundert Franken bestraft.

Hat das Unglück den Tod einer Person zur Folge, so ist die Strafe Gefängnis von sechs Monaten bis zu fünf Jahren und Geldstrafe von einhundert Franken bis zu sechshundert Franken.

KAPITEL III

Vom Zweikampf

Artikel 423

Die Herausforderung zum Zweikampf wird mit Gefängnis von vierzehn Tagen bis zu drei Monaten und mit Geldstrafe von einhundert Franken bis zu fünfhundert Franken bestraft.

Artikel 424

Mit den gleichen Strafen wird bestraft, wer eine Person wegen Verweigerung eines Zweikampfes öffentlich in Verruf bringt oder beleidigt.

Artikel 425

Wer durch irgendeine Beleidigung Anlaß zu einer Herausforderung gibt, wird mit Gefängnis von einem Monat bis zu sechs Monaten und mit Geldstrafe von einhundert Franken bis zu eintausend Franken bestraft.

Artikel 426

Wer in einem Zweikampf gegen seinen Gegner Waffen gebraucht, ohne daß der Kampf eine Tötung oder eine Wunde zur Folge hat, wird mit Gefängnis von einem Monat bis zu sechs Monaten und mit Geldstrafe von zweihundert Franken bis zu eintausend Franken bestraft.

Wer von seinen Waffen keinen Gebrauch macht, wird entsprechend Artikel 423 bestraft.

Artikel 427

Wer in einem Zweikampf seinen Gegner verwundet, wird mit Gefängnis von zwei Monaten bis zu einem Jahr und mit Geldstrafe von dreihundert Franken bis zu fünfzehnhundert Franken bestraft.

Artikel 428

Verursachen die Wunden eine Krankheit oder eine Unfähigkeit zur persönlichen Arbeit, so wird der Schuldige mit Gefängnis von drei Monaten bis zu zwei Jahren und mit Geldstrafe von fünfhundert Franken bis zu zweitausend Franken bestraft.

Artikel 429

Die Gefängnisstrafe beträgt sechs Monate bis zu drei Jahren und die Geldstrafe eintausend Franken bis zu dreitausend Franken, wenn die durch den Zweikampf entstandenen Wunden eine anscheinend unheilbare Krankheit, eine dauernde Unfähigkeit zur persönlichen Arbeit, den Verlust der vollen Gebrauchsfähigkeit eines Organs oder eine schwere Verstümmelung verursacht haben.

Artikel 430

Wer in einem Zweikampf seinen Gegner tötet, wird mit Gefängnis von einem Jahr bis zu fünf Jahren und mit Geldstrafe von zweitausend Franken bis zu zehntausend Franken bestraft.

Artikel 431

Wer auf irgendeine Weise zu einem Zweikampf aufhetzt, wird mit den gleichen Strafen wie der Täter bestraft.

Er hat, wenn der Zweikampf nicht stattfindet, Gefängnis von einem Monat bis zu einem Jahr und Geldstrafe von einhundert Franken bis zu eintausend Franken verwirkt.

Artikel 432

In den in den Artikeln 427, 428, 429 und 430 aufgeführten Fällen werden die Zeugen mit Gefängnis von einem Monat bis zu einem Jahr und mit Geldstrafe von einhundert Franken bis zu eintausend Franken bestraft.

Artikel 433

Der Schuldige, der nach den Artikeln 423 und folgende verurteilt worden ist, wird, falls er innerhalb der in Artikel 56 festgesetzten Frist ein neues Vergehen gleicher Art begeht, zu den in diesen Artikeln angedrohten Höchststrafen verurteilt; diese Strafen können auf das Doppelte erhöht werden.

KAPITEL IV

Von den von Privatpersonen begangenen Anschlägen gegen die persönliche Freiheit und die Unverletzlichkeit der Wohnung

Artikel 434

Mit Gefängnis von drei Monaten bis zu zwei Jahren und mit Geldstrafe von sechsundzwanzig Franken bis zu zweihundert Franken wird bestraft, wer ohne Befehl der Behörden und abgesehen von den Fällen, in denen das Gesetz die Festnahme oder Verhaftung von Privatpersonen erlaubt oder anordnet, irgendeine Person festnimmt oder festnehmen läßt oder in Haft hält oder in Haft halten läßt.

Artikel 435

Die Gefängnisstrafe beträgt sechs Monate bis zu drei Jahren und die Geldstrafe fünfzig Franken bis zu dreihundert Franken, wenn die rechtswidrige und willkürliche Haft mehr als zehn Tage gedauert hat.

Artikel 436

Hat die rechtswidrige und willkürliche Haft mehr als einen Monat gedauert, so wird der Schuldige zu Gefängnis von einem Jahr bis zu fünf Jahren und zu Geldstrafe von einhundert Franken bis zu fünfhundert Franken verurteilt.

Artikel 437

Die Zuchthausstrafe wird verhängt, wenn die Festnahme auf Grund eines gefälschten Befehls der öffentlichen Behörde oder in der Amtskleidung oder unter dem Namen eines ihrer Vertreter erfolgt oder wenn die festgenommene oder in Haft gehaltene Person mit dem Tode bedroht wird.

Artikel 438

Wird die festgenommene oder in Haft gehaltene Person körperlichen Folterungen unterworfen, so wird der Schuldige mit Zwangsarbeit von zehn Jahren bis zu fünfzehn Jahren bestraft.

Die Strafe ist Zwangsarbeit von fünfzehn Jahren bis zu zwanzig Jahren, wenn die Folterungen eine anscheinend unheilbare Krankheit, eine dauernde Unfähigkeit zur persönlichen Arbeit, den Verlust der vollen Gebrauchsfähigkeit eines Organs oder eine schwere Verstümmelung zur Folge haben.

Haben die Folterungen den Tod verursacht, so wird der Schuldige zu lebenslänglicher Zwangsarbeit verurteilt.

Artikel 439

Mit Gefängnis von vierzehn Tagen bis zu zwei Jahren und mit Geldstrafe von sechsundzwanzig Franken bis zu dreihundert Franken wird bestraft, wer ohne behördlichen Befehl und abgesehen von den Fällen, in denen das Gesetz das Betreten der Wohnung von Privatpersonen gegen ihren Willen erlaubt, in ein Haus, eine Wohnung, ein Zimmer oder eine Unterkunft, die von anderen bewohnt wird, oder in die dazu gehörenden Grundstücksteile mittels Drohungen oder Gewalt gegen die Person oder mittels Einbruchs, Einsteigens oder falscher Schlüssel eindringt.

Artikel 440

Die Gefängnisstrafe beträgt sechs Monate bis zu fünf Jahren und die Geldstrafe einhundert Franken bis zu fünfhundert Franken, wenn die Tat auf Grund eines gefälschten Befehls der öffentlichen Behörde oder in der Amtskleidung oder unter dem Namen eines ihrer Vertreter begangen wird oder wenn folgende drei Umstände zusammentreffen:

wenn die Tat zur Nachtzeit ausgeführt wird;

wenn sie von zwei oder mehreren Personen ausgeführt wird;

wenn die Schuldigen oder einer von ihnen Waffen mit sich führen.

Der Schuldige kann außerdem zum Verlust von Rechten nach Maßgabe des Artikels 33 verurteilt *und für mindestens fünf Jahre und höchstens zehn Jahre unter besondere Polizeiaufsicht gestellt* werden.

Artikel 441

Der Versuch des in dem vorhergehenden Artikel aufgeführten Vergehens wird mit Gefängnis von einem Monat bis zu einem Jahr und mit Geldstrafe von fünfzig Franken bis zu dreihundert Franken bestraft.

Artikel 442

Mit Gefängnis von vierzehn Tagen bis zu zwei Jahren und mit Geldstrafe von sechsundzwanzig Franken bis zu dreihundert Franken wird bestraft, wer ohne Zustimmung des Eigentümers oder Mieters in eine der in Artikel 439 bezeichneten Räumlichkeiten eindringt und dort zur Nachtzeit angetroffen wird.

KAPITEL V

Von der Verletzung der Ehre und der Wertschätzung der Person

Artikel 443

Wer in den nachstehend aufgeführten Fällen böswillig eine Person einer bestimmten Tat beschuldigt, die geeignet ist, die Ehre dieser Person zu verletzen oder diese in der öffentlichen Meinung herabzusetzen, und deren gerichtlicher Beweis nicht erbracht wird, ist der Verleumdung schuldig, wenn das Gesetz den Beweis der Beschuldigung zuläßt, und der üblen Nachrede, wenn das Gesetz diesen Beweis nicht zuläßt.

Besteht die Beschuldigung darin, im Verlaufe von Feindseligkeiten ohne Zwang oder Aufforderung mit dem Feind paktiert zu haben, indem er ihm zu seiner Unterstützung Soldaten, Menschen, Geld, Lebensmittel, Waffen, Munition oder irgendwelche Materialien liefert oder ihm durch irgendein Mittel das Eindringen, Verbleiben oder den Aufenthalt im Staatsgebiet ermöglicht oder erleichtert hat, so ist der Beweis stets zulässig und kann mit allen rechtlichen Mitteln geführt werden. **(Gesetz vom 11. Oktober 1919)**

Wird ausreichender Beweis erbracht, so findet wegen der Anschuldigung keine Strafverfolgung statt. **(Gesetz vom 11. Oktober 1919)**

Artikel 444

Der Schuldige wird mit Gefängnis von acht Tagen bis zu einem Jahr und mit Geldstrafe von sechsundzwanzig Franken bis zu zweihundert Franken bestraft, wenn die Beschuldigung erhoben wird in öffentlichen Versammlungen oder an der Öffentlichkeit zugänglichen Orten,

in Gegenwart mehrerer Personen an nicht öffentlichen Orten, die aber für eine bestimmte Anzahl von Personen, die dort sich zu versammeln oder zu verkehren berechtigt sind, zugänglich sind,

an irgendeinem Ort in Gegenwart des Beleidigten und vor Zeugen,

durch gedruckte oder nicht gedruckte Schriftstücke, Abbildungen oder Sinnbilder, die angeschlagen, verbreitet, verkauft, zum Verkauf ausgestellt, angeboten oder den Blicken der Öffentlichkeit ausgesetzt werden,

oder endlich durch Schriftstücke, die zwar nicht veröffentlicht, aber an mehrere Personen gerichtet oder ihnen mitgeteilt werden.

Artikel 445

Mit Gefängnis von vierzehn Tagen bis zu sechs Monaten und mit Geldstrafe von fünfzig Franken bis zu eintausend Franken wird bestraft,

wer schriftlich bei einer Behörde eine verleumderische Anzeige erstattet,

wer schriftlich bei einer Person verleumderische Anschuldigungen gegen ihren Untergebenen erhebt.

Artikel 446

Die gegen eine Behörde gerichtete Verleumdung oder üble Nachrede wird in der gleichen Weise bestraft wie die gegen Einzelpersonen gerichtete Verleumdung oder üble Nachrede.

Artikel 447

Dem wegen Verleumdung Beschuldigten, der gegen Bevollmächtigte oder Vertreter einer Behörde oder gegen sonstige Personen öffentlichen Charakters und gegen Behörden in Beziehung auf ihre Tätigkeit Anschuldigungen erhoben hat, steht es zu, mit allen ordentlichen Beweismitteln den Beweis der behaupteten Tatsachen zu erbringen, unbeschadet des Gegenbeweises durch die gleichen Beweismittel.

Handelt es sich um eine Tatsache des Privatlebens, so kann der Täter der Anschuldigung zu seiner Verteidigung nur den Beweis geltend machen, der sich aus einem Gerichtsurteil oder aus einer anderen von einem hierfür zuständigen öffentlichen Beamten aufgenommenen Urkunde ergibt.

Ist die behauptete Tatsache Gegenstand einer Strafverfolgung oder einer Anzeige, über die noch nicht entschieden ist, so wird das Verfahren wegen Verleumdung bis zum rechtskräftigen Urteil oder bis zur endgültigen Entscheidung der zuständigen Behörde ausgesetzt.

Artikel 448

Wer eine Person tätlich oder durch Schriftstücke, Abbildungen oder Sinnbilder unter einem der in Artikel 444 angegebenen Umstände beleidigt, wird mit Gefängnis von acht Tagen bis zu zwei Monaten und mit Geldstrafe von sechsundzwanzig Franken bis zu fünfhundert Franken oder mit einer dieser Strafen allein bestraft.

Mit den gleichen Strafen wird bestraft, wer unter einem der in Artikel 444 angegebenen Umstände einen Bevollmächtigten einer Behörde

oder der öffentlichen Gewalt oder eine Person öffentlichen Charakters in Beziehung auf ihre Eigenschaft oder ihre Tätigkeit durch Worte beleidigt.
(Gesetz vom 27. Juli 1934, Artikel 3)

Artikel 449

Liegt zur Tatzeit ein gerichtlicher Beweis der behaupteten Tatsachen vor, wird aber festgestellt, daß der Beschuldigte die Anschuldigung nicht zur Wahrnehmung öffentlicher oder privater Interessen, sondern nur um zu schaden erhoben hat, so wird er wegen böswilliger Verbreitung mit Gefängnis von acht Tagen bis zu zwei Monaten und mit Geldstrafe von sechsundzwanzig Franken bis zu vierhundert Franken oder mit einer dieser Strafen allein bestraft.

Artikel 450

Die in diesem Kapitel aufgeführten Vergehen, die gegen Privatpersonen begangen werden, können mit Ausnahme der verleumderischen Anzeige nur auf Antrag der Person, die behauptet, verletzt zu sein, strafrechtlich verfolgt werden.

Ist diese Person verstorben, ohne Anzeige erstattet oder darauf verzichtet zu haben, oder ist die Verleumdung oder üble Nachrede gegen einen Verstorbenen gerichtet, so kann die Strafverfolgung nur auf Antrag seines Ehegatten, seiner Abkömmlinge oder seiner gesetzlichen Erben bis zum dritten Grad einschließlich eintreten.

Artikel 451

Keiner kann als Rechtfertigungs- oder Entschuldigungsgrund anführen, daß die Schriftstücke, Drucksachen, Abbildungen oder Sinnbilder, die den Gegenstand der Strafverfolgung bilden, nur Vervielfältigungen von Veröffentlichungen sind, die in Belgien oder im Ausland erschienen sind.

Artikel 452

Die vor Gericht gehaltenen Reden oder vorgebrachten Schriftstücke geben zu einer Strafverfolgung keinen Anlaß, wenn die Reden oder Schriftstücke sich auf die Prozeßsache oder die Prozeßparteien beziehen.

Dennoch können die Richter von Amts wegen oder auf Antrag einer der Parteien die Beseitigung der verleumderischen, beleidigenden oder ehrenrührigen Schriftstücke anordnen.

In dem gleichen Fall können die Richter auch den Advokaten und Amtspersonen Befehle erteilen oder sogar Disziplinarmaßnahmen anordnen.

Die sich nicht auf die Prozeßsache oder die Prozeßparteien beziehenden Beschuldigungen oder Beleidigungen können entweder zu einem Offizialverfahren oder zu einem Privatklageverfahren der Parteien oder Dritter Anlaß geben.

Besondere Bestimmung

Artikel 453

Mit Gefängnis von einem Monat bis zu einem Jahr und mit Geldstrafe von sechsundzwanzig Franken bis zu zweihundert Franken wird bestraft, wer sich der Entweihung von Grabmälern oder Grabstätten schuldig macht.

Besonderer Teil

KAPITEL VI

Von anderen Vergehen gegen die Person

Artikel 454

Wer Eßwaren oder Getränken oder irgendwelchen der Ernährung dienenden Substanzen oder Nahrungsmitteln, die zum Verkauf oder Absatz bestimmt sind, Stoffe beimischt oder beimischen läßt, die geeignet sind, den Tod herbeizuführen oder die Gesundheit schwer zu beeinträchtigen, wird mit Gefängnis von sechs Monaten bis zu fünf Jahren und mit Geldstrafe von zweihundert Franken bis zu zweitausend Franken bestraft.

Artikel 455

Mit den in dem vorhergehenden Artikel angedrohten Strafen wird bestraft,

wer Eßwaren, Getränke oder irgendwelche der Ernährung dienende Substanzen oder Nahrungsmittel verkauft, absetzt oder zum Verkauf ausstellt, obwohl er weiß, daß sie Stoffe enthalten, die geeignet sind, den Tod herbeizuführen oder die Gesundheit schwer zu beeinträchtigen;

wer diese Stoffe verkauft oder beschafft, obwohl er weiß, daß sie zur Verfälschung der der Ernährung dienenden Substanzen oder Nahrungsmittel dienen sollen.

Artikel 456

Mit Gefängnis von drei Monaten bis zu drei Jahren und mit Geldstrafe von einhundert Franken bis zu eintausend Franken wird bestraft, wer in seinem Warenlager, seinem Laden oder an irgendeinem anderen Ort Eßwaren, Getränke, Nahrungsmittel oder der Ernährung dienende Substanzen hat, die zum Verkauf oder Absatz bestimmt sind, obwohl er weiß, daß sie Stoffe enthalten, die geeignet sind, den Tod herbeizuführen oder die Gesundheit schwer zu beeinträchtigen.

Artikel 457

Die verdorbenen Eßwaren, Getränke, Nahrungsmittel oder der Ernährung dienenden Substanzen werden beschlagnahmt, eingezogen und gebrauchsunfähig gemacht.

Die Konzession wird dem Schuldigen entzogen; für die Dauer seiner Gefängnisstrafe kann er keine neue erhalten.

Er kann darüber hinaus zum Verlust von Rechten nach Maßgabe des Artikels 33 verurteilt werden.

Das Gericht ordnet an, daß das Urteil an den von ihm bestimmten Orten angeschlagen und ganz oder im Auszug in den von ihm bezeichneten Zeitungen abgedruckt wird; die Kosten trägt der Verurteilte.

Artikel 458

Der Arzt, Chirurg, Gesundheitsbeamte, Apotheker, die Hebamme und jede andere Person, die auf Grund ihres Gewerbes oder Berufes Träger von ihnen anvertrauten Geheimnissen sind und abgesehen von dem Fall, in dem sie als Zeugen vor Gericht geladen sind oder in dem das Gesetz sie zur Bekanntgabe der Geheimnisse verpflichtet, die ihnen anvertrauten Geheimnisse offenbaren, werden mit Gefängnis von acht Tagen bis zu sechs Monaten und mit Geldstrafe von einhundert Franken bis zu fünfhundert Franken bestraft.

Artikel 459

Mit den gleichen Strafen wird bestraft der Angestellte oder Vertreter von Pfandleihanstalten, der anderen als Polizeibeamten oder der Justizbehörde die Namen derjenigen offenbart, die in der Anstalt Gegenstände hinterlegt haben oder haben hinterlegen lassen.

Artikel 460

Wer überführt wird, einen der Post anvertrauten Brief beiseite geschafft oder ihn zum Zwecke der Verletzung des Briefgeheimnisses geöffnet zu haben, wird mit Gefängnis von acht Tagen bis zu einem Monat und mit Geldstrafe von sechsundzwanzig Franken bis zu zweihundert Franken oder mit einer dieser Strafen allein bestraft, unbeschadet schwererer Strafen, wenn der Schuldige ein Bediensteter oder Vertreter der Regierung oder der Postverwaltung ist.

Artikel 460 a

Mit den gleichen Strafen wird bestraft, wer die Abschrift einer Vorladung, die er in Anwendung des Artikels 68 a der Zivilprozeßordnung in Besitz hat, beiseite schafft oder den Umschlag, der eine Abschrift enthält, zum Zwecke der Verletzung des Briefgeheimnisses öffnet, sofern es sich im letzteren Fall nicht um den Vater oder die Mutter eines minderjährigen Kindes oder um den Ehegatten, Vormund, Verwalter, Pfleger oder den juristischen Berater des Betroffenen handelt.

(Gesetz vom 14. Januar 1928, Artikel 4)

Teil IX

Von den Verbrechen und Vergehen gegen das Eigentum

KAPITEL I

Von dem Diebstahl und der Erpressung

Artikel 461

Wer eine ihm nicht gehörende Sache in betrügerischer Weise entwendet, ist des Diebstahls schuldig.

Artikel 462

Ein Diebstahl, der von einem Ehegatten zum Nachteil des anderen, von einem Witwer oder einer Witwe an Sachen, die dem Verstorbenen gehört haben, von Verwandten absteigender Linie zum Nachteil ihrer Verwandten aufsteigender Linie, von Verwandten aufsteigender Linie zum Nachteil ihrer Verwandten absteigender Linie oder von Verschwägerten desselben Grades begangen wird, begründet nur bürgerlich-rechtliche Schadensersatzansprüche.

Jede andere Person, die an diesem Diebstahl teilnimmt oder alle oder einen Teil der gestohlenen Gegenstände hehlt, wird so bestraft, als ob die vorhergehende Bestimmung nicht besteht.

Abschnitt I

Von dem ohne Gewalt oder Drohungen begangenen Diebstahl

Artikel 463

Die in diesem Kapitel nicht besonders aufgeführten Arten von Diebstahl werden mit Gefängnis von einem Monat bis zu fünf Jahren und mit Geldstrafe von sechsundzwanzig Franken bis zu fünfhundert Franken bestraft.

Artikel 464

Die Gefängnisstrafe beträgt mindestens drei Monate, wenn der Dieb ein Dienstbote oder bezahlter Diener ist, selbst wenn er den Diebstahl gegenüber Personen begeht, denen er nicht dient, die sich aber in dem Hause des Dienstherrn oder in dem Hause, wohin er sie begleitete, aufhalten, oder wenn der Dieb ein Arbeiter, Geselle oder Lehrling ist und in dem Haus, der Werkstatt oder dem Warenlager seines Dienstherrn stiehlt oder wenn der Dieb in der Wohnung, in der er gewöhnlich arbeitet, stiehlt.

Artikel 465

In den Fällen der vorhergehenden Artikel können die Schuldigen darüber hinaus zum Verlust von Rechten nach Maßgabe des Artikels 33 verurteilt *und für mindestens zwei Jahre und höchstens fünf Jahre unter besondere Polizeiaufsicht gestellt* werden.

Artikel 466

Der Versuch einer der in dem vorhergehenden Artikel erwähnten Arten von Diebstahl wird mit Gefängnis von acht Tagen bis zu drei Jahren und mit Geldstrafe von sechsundzwanzig Franken bis zu dreihundert Franken bestraft.

Artikel 467

Der Diebstahl wird mit Zuchthaus bestraft,

wenn er mittels Einbruchs, Einsteigens oder falscher Schlüssel begangen wird;

wenn er von einem öffentlichen Bediensteten unter Ausnutzung seiner Dienststellung begangen wird;

wenn die Schuldigen oder einer von ihnen sich den Titel oder die Abzeichen eines öffentlichen Bediensteten beilegt oder sich auf einen gefälschten Befehl der öffentlichen Behörde beruft.

Abschnitt II

Von dem mit Gewalt oder Drohungen begangenen Diebstahl und der Erpressung

Artikel 468

Wer mittels Gewalt oder Drohungen einen Diebstahl begeht, wird mit Zuchthaus bestraft.

Artikel 469

Dem Diebstahl mittels Gewalt oder Drohungen ist der Fall gleichgestellt, in dem der auf frischer Tat überraschte Dieb Gewalt oder Drohungen anwendet, um sich den Besitz des entwendeten Gegenstandes zu erhalten oder um seine Flucht zu sichern.

Artikel 470

Wer mittels Gewalt oder Drohungen Gelder, Werte, bewegliche Gegenstände, Schuldscheine, Wechsel, Schuldverschreibungen, Quittungen oder die Unterschrift oder Herausgabe irgendeiner Urkunde, die eine Verpflichtung, Verfügung oder Entlastung enthält oder bewirkt, erpreßt, wird mit der in Artikel 468 angedrohten Strafe so bestraft, als ob er einen Diebstahl mit Gewalt oder Drohungen begangen hätte.

Artikel 471

Der in einem bewohnten Haus oder den dazu gehörigen Grundstücksteilen mittels Gewalt oder Drohungen begangene Diebstahl wird mit Zwangsarbeit von zehn Jahren bis zu fünfzehn Jahren bestraft,

wenn er mittels Einbruchs, Einschleichens oder falscher Schlüssel begangen wird;

wenn er von einem öffentlichen Bediensteten unter Ausnutzung seiner Dienststellung begangen wird;

wenn die Schuldigen oder einer von ihnen sich den Titel oder die Abzeichen eines öffentlichen Bediensteten beigelegt haben oder sich auf einen gefälschten Befehl der öffentlichen Behörde berufen;

wenn er zur Nachtzeit von zwei oder mehreren Personen begangen wird;

wenn Waffen gebraucht oder gezeigt werden.

Er wird mit Zwangsarbeit von fünfzehn Jahren bis zu zwanzig Jahren bestraft, wenn er unter zwei der vorerwähnten Umstände begangen wird.

Artikel 472

Der mittels Gewalt oder Drohungen auf öffentlichen Straßen begangene Diebstahl wird mit Zwangsarbeit von zehn Jahren bis zu fünfzehn Jahren bestraft.

Er wird mit Zwangsarbeit von fünfzehn Jahren bis zu zwanzig Jahren bestraft, wenn er unter einem der im vorhergehenden Artikel erwähnten Umstände begangen wird.

Artikel 473

In den in Artikel 468, 469, 470, 471 und 472 aufgeführten Fällen beträgt die Strafe Zwangsarbeit von fünfzehn Jahren bis zu zwanzig Jahren, wenn die Gewalttätigkeiten oder Drohungen eine anscheinend unheilbare Krankheit oder eine dauernde Unfähigkeit zur persönlichen Arbeit oder den Verlust der vollen Gebrauchsfähigkeit eines Organs oder eine schwere Verstümmelung verursacht haben.

Die gleiche Strafe wird angewendet, wenn der Täter die Person körperlich gefoltert hat.

Artikel 474

Wenn die Gewalttätigkeiten oder Drohungen ohne Tötungsabsicht ausgeführt worden sind, aber dennoch den Tod verursacht haben, wird der Schuldige zu lebenslänglicher Zwangsarbeit verurteilt.

Die gleiche Strafe wird angewendet, wenn diese Gewalttätigkeiten oder Drohungen zur Nachtzeit von mehreren Tätern in einem bewohnten Haus oder auf öffentlicher Straße begangen werden.

Artikel 475

Die Tötung, die begangen wird, um den Diebstahl oder die Erpressung zu erleichtern oder sich deren Straflosigkeit zu sichern, wird mit dem Tode bestraft.

Artikel 476

Die in den Artikeln 473 und 474 angedrohten Strafen werden auch angewendet, wenn die Vollendung des Diebstahls oder der Erpressung durch Umstände verhindert worden ist, die von dem Willen des Schuldigen unabhängig waren.

Abschnitt III

Von der Bedeutung der in diesem Kapitel verwendeten Ausdrücke

Artikel 477

Öffentliche Wege sind diejenigen, deren Gebrauch öffentlich ist.

Jedoch umfaßt diese Bezeichnung weder die Strecke des Weges, die von Häusern eingefaßt ist, noch die Eisenbahn.

Artikel 478

Der Diebstahl wird zur Nachtzeit begangen, wenn er früher als eine Stunde vor Sonnenaufgang und später als eine Stunde nach Sonnenuntergang begangen wird.

Artikel 479

Als bewohntes Haus gilt jedes Bauwerk, jede Wohnung und jede Unterkunft, jede Bude, jede Hütte, auch wenn sie beweglich ist, oder jeder sonstige Ort, der zum Wohnen dient.

Artikel 480

Als zu einem bewohnten Haus zugehörige Grundstücksteile werden angesehen die Höfe, Wirtschaftshöfe, Gärten und alle anderen eingefriedigten Ländereien sowie die Scheunen, Ställe und alle anderen darin eingeschlossenen Gebäude, ohne Rücksicht darauf, welchem Gebrauch sie dienen, und zwar auch dann, wenn sie eine besondere Einfriedigung innerhalb der allgemeinen Einfriedigung bilden.

Artikel 481

Die zur Unterbringung von Vieh auf dem Felde bestimmten Hürden werden ohne Rücksicht darauf, in welcher Art sie hergestellt sind, als zu einem bewohnten Haus zugehörige Grundstücksteile angesehen, wenn sie mit den beweglichen Hütten oder anderen für die Wächter bestimmten Unterkünften auf dem gleichen Geländeteil errichtet sind.

Artikel 482

Unter den Begriff Waffen fallen die in Artikel 135 dieses Gesetzbuchs bezeichneten Gegenstände.

Artikel 483

Unter Gewalttätigkeiten versteht das Gesetz Handlungen des körperlichen Zwangs gegen Personen.

Unter Drohungen versteht das Gesetz alle Mittel des seelischen Zwangs durch Erweckung von Furcht vor einem drohenden Übel.

Artikel 484

Der Einbruch besteht im Aufbrechen, Zerbrechen, Beschädigen, Zerstören oder Fortnehmen jeder Art von äußerer oder innerer Einfriedigung eines Hauses, Gebäudes, irgendeines Bauwerks oder ihnen zugehöriger Grundstücksteile eines Schiffes, Eisenbahnwagens oder Fahrzeugs sowie im Aufbrechen von verschlossenen Schränken oder Möbelstücken, die zum Verbleib an einem Platz und zum Schutz der eingeschlossenen Sachen bestimmt sind.

Artikel 485

Dem Einbruchsdiebstahl sind gleichgestellt:

die Fortnahme der in dem vorhergehenden Artikel erwähnten Möbel;

der Diebstahl mittels Siegelbruchs.

Artikel 486

Als Einschleichen wird bezeichnet:

jedes Eindringen in Häuser, Bauwerke, Höfe, Wirtschaftshöfe, irgendwelche Gebäude, Gärten, Parks, Umfriedigungen durch Überwindung von Mauern, Türen, Bedachungen oder jeder sonstigen Art der Einfriedigung;

das Eindringen durch eine nicht als Eingang geschaffene unterirdische Öffnung.

Artikel 487

Als falsche Schlüssel werden bezeichnet:

alle Haken, Dietriche, Hauptschlüssel, nachgeahmte, nachgemachte oder veränderte Schlüssel;

die Schlüssel, die von dem Eigentümer, Mieter, Gastwirt oder Zimmervermieter nicht für die Türschlösser, Vorhängeschlösser oder sonstigen Verschlüsse bestimmt worden sind, für die der Schuldige sie verwendet;

die verlorengegangenen, abhanden gekommenen oder entwendeten Schlüssel, die zur Begehung des Diebstahls dienen.

Jedoch bildet der Gebrauch falscher Schlüssel nur dann einen erschwerenden Umstand, wenn er zur Öffnung von Gegenständen stattgefunden hat, deren Erbrechen eine Strafschärfung nach sich ziehen würde.

Besondere Bestimmung

Artikel 488

Wer betrügerischerweise Schlüssel nachmacht oder verändert, wird zu Gefängnis von drei Monaten bis zu zwei Jahren und zu Geldstrafe von sechsundzwanzig Franken bis zu zweihundert Franken verurteilt.

Ist der Schuldige von Beruf Schlosser, so wird er mit Gefängnis von zwei Jahren bis zu fünf Jahren und mit Geldstrafe von zweihundert Franken bis zu eintausend Franken bestraft.

KAPITEL II

Von den Betrügereien

Abschnitt I

Von dem Bankrott

Artikel 489

Wer in den im Handelsgesetzbuch aufgeführten Fällen des Bankrotts für schuldig erklärt wird, wird verurteilt:

der einfache Bankrotteur zu Gefängnis von einem Monat bis zu zwei Jahren;

der betrügerische Bankrotteur zu Zuchthaus.

Artikel 490

Zu Gefängnis von einem Monat bis zu zwei Jahren und mit Geldstrafe von einhundert Franken bis zu dreitausend Franken wird bestraft:

wer im Interesse des Konkursschuldners dessen bewegliches oder unbewegliches Vermögen ganz oder zum Teil beiseite schafft, verbirgt oder verheimlicht;

wer im Konkursverfahren betrügerischerweise im eigenen Namen oder durch Vorschieben von Personen erdichtete oder übertriebene Forderungen anmeldet und bestätigt;

der Gläubiger, der sich von dem Konkursschuldner oder irgendeiner anderen Person besondere Vorteile wegen seiner Abstimmung bei den Konkursverhandlungen ausbedingt, oder einen besonderen Vertrag abschließt, aus dem sich zu seinen Gunsten ein Vorteil zu Lasten der Konkursmasse ergeben würde;

der Konkursverwalter, der sich während der Verwaltung der Veruntreuung schuldig macht.

Abschnitt II

Von dem Vertrauensmißbrauch

Artikel 491

Wer betrügerischerweise Wertpapiere, Gelder, Waren, Anweisungen, Quittungen, Schriftstücke jeder Art, die eine Verpflichtung oder Entlastung enthalten oder bewirken und die ihm unter der Bedingung der Rückgabe oder eines bestimmten Gebrauchs übergeben worden waren, zum Nachteil eines anderen heimlich beiseite schafft oder vergeudet, wird mit Gefängnis von einem Monat bis zu fünf Jahren und mit Geldstrafe von sechsundzwanzig Franken bis zu fünfhundert Franken bestraft.

Der Schuldige kann darüber hinaus zum Verlust von Rechten nach Maßgabe des Artikels 33 verurteilt werden.

Artikel 492

Die Bestimmung des Artikels 462 findet auf die im vorhergehenden Artikel aufgeführte Straftat Anwendung.

Artikel 493

Mit Gefängnis von drei Monaten bis zu fünf Jahren und mit Geldstrafe von sechsundzwanzig Franken bis zu fünfhundert Franken wird bestraft, wer die Notlage, Schwächen, (Leidenschaften oder Unwissenheit) eines Minderjährigen mißbraucht, um ihn zu seinem Nachteil Schuldscheine, Quittungen, Empfangsbescheinigungen, Handelspapiere oder sonstige verpflichtende Wertpapiere unterschreiben zu lassen, gleichgültig, unter welcher Form dieser Handel abgeschlossen oder in welche Form dieser Handel gekleidet wird.

Der Schuldige kann darüber hinaus zum Verlust von Rechten nach Maßgabe des Artikels 33 verurteilt werden.

Artikel 494

Mit Gefängnis von einem Monat bis zu einem Jahr und mit Geldstrafe von eintausend Franken bis zu zehntausend Franken oder einer dieser Strafen allein wird bestraft, wer gewohnheitsmäßig Schwächen oder Leidenschaften eines Darlehnssuchenden ausnutzt und in Zusammenhang mit dem Ausleihen einer Geldsumme sich oder einem Dritten vertraglich, unter welcher Form es auch sei, Zinsen oder andere Vorteile, die die gesetzlichen Zinsen übersteigen, versprechen läßt.

Mit derselben Strafe wird bestraft, wer gewohnheitsmäßig die Notlage oder Unwissenheit eines Darlehnssuchenden ausnutzt und im Zusammenhang mit dem Ausleihen einer Geldsumme sich oder einem Dritten vertraglich, unter welcher Form es auch sei, Zinsen oder andere Vorteile, die offensichtlich die normalen Zinsen und die Deckung für das Darlehnsrisiko übersteigen, versprechen läßt.

In den in diesem Artikel aufgeführten Fällen setzt der Richter auf Antrag jeder verletzten Partei deren Verpflichtungen entsprechend Artikel 1907 b des Bürgerlichen Gesetzbuchs herab.

(Königliche Verordnung Nr. 148 vom 18. März 1935, Artikel 2)

Artikel 495

Wer nach ihrer Vorlage in einem Rechtsstreit eine Beweisurkunde, ein Schriftstück oder eine Denkschrift, gleichgültig auf welche Weise, böswillig oder betrügerischerweise beiseite schafft, wird mit Geldstrafe von sechsundzwanzig Franken bis zu dreihundert Franken bestraft.

Diese Strafe wird von dem mit dem Rechtsstreit befaßten Gericht verhängt.

Abschnitt III

Von dem Betrug und der arglistigen Täuschung

Artikel 496

Wer zu dem Zweck der Aneignung einer einem anderen gehörenden Sache sich Gelder, bewegliches Gut, Schuldscheine, Quittungen oder Empfangsbescheinigungen übergeben oder aushändigen läßt, indem er sich dazu falscher Namen oder Eigenschaften bedient oder betrügerische Machenschaften zum Nachweis des Vorhandenseins nicht bestehender Unternehmen, einer nicht vorhandenen Vollmacht oder eines nicht vorhandenen Guthabens anwendet, um die Hoffnung auf einen Erfolg, einen Unfall oder ein sonstiges erdachtes Ereignis oder die Furcht davor zu erwecken oder auf andere Weise das Vertrauen oder die Leichtgläubigkeit zu mißbrauchen, wird mit Gefängnis von einem Monat bis zu fünf Jahren und mit Geldstrafe von sechsundzwanzig Franken bis zu dreitausend Franken bestraft.

Der Schuldige kann darüber hinaus zum Verlust von Rechten nach Maßgabe des Artikels 33 verurteilt werden.

Artikel 497

Mit Gefängnis von acht Tagen bis zu drei Jahren und mit Geldstrafe von fünfzig Franken bis zu fünfhundert Franken wird bestraft:

wer in betrügerischer Absicht einer Münze, die in Belgien oder im Ausland gesetzlichen Kurs hat, den Anschein einer Münze mit höherem Wert gibt oder zu geben versucht; (Gesetz vom 12. Juli 1932, Artikel 1 Nr. 12)

wer Münzen, denen man den Anschein von Münzen mit höherem Wert gegeben hat, verbreitet oder zu verbreiten versucht oder wer solche Münzen zu dem Zweck, sie in Verkehr zu bringen, in das Land einführt oder einzuführen versucht; (Gesetz vom 12. Juli 1932, Artikel 1 Nr. 12)

wer Metallstücke ohne jede Münzprägung als Münzen verbreitet oder zu verbreiten versucht.

Artikel 497 a

Mit Gefängnis von acht Tagen bis zu sechs Monaten und mit Geldstrafe von sechsundzwanzig Franken bis zu fünfhundert Franken wird bestraft, wer zu dem Zweck, sie in Verkehr zu bringen, Münzen, denen man den Anschein von Münzen mit höherem Wert gegeben hat, annimmt oder sich verschafft.

Der Versuch wird mit Gefängnis von acht Tagen bis zu drei Monaten und mit Geldstrafe von sechsundzwanzig Franken bis zu eintausend Franken bestraft.

(Gesetz vom 12. Juli 1932, Artikel 1 Nr. 13)

Artikel 498

Mit Gefängnis von einem Monat bis zu einem Jahr und mit Geldstrafe von fünfzig Franken bis zu eintausend Franken oder mit einer dieser Strafen allein wird bestraft, wer den Käufer täuscht:

über die Identität der verkauften Sache, indem er betrügerischerweise eine andere Sache liefert als den bestimmten Gegenstand, auf den sich das Rechtsgeschäft bezog;

über die Art oder die Herkunft der verkauften Sache, indem er eine Sache verkauft oder liefert, die im Aussehen derjenigen ähnlich ist, die der Käufer gekauft oder zu kaufen geglaubt hat.

Artikel 499

Zu Gefängnis von acht Tagen bis zu einem Jahr und zu Geldstrafe von sechsundzwanzig Franken bis zu eintausend Franken oder zu einer dieser Strafen allein wird verurteilt, wer durch betrügerische Machenschaften:

1. den Käufer oder Verkäufer über die Quantität der verkauften Sachen täuscht;

2. die durch einen Werkvertrag gebundenen Parteien oder eine derselben über die Quantität oder, wenn die Bestimmung der Qualität des Werkes für die Höhe des Lohnes maßgebend sein soll, über die Qualität des gelieferten Werkes täuscht.

(Gesetz vom 17. Juni 1896)

Artikel 500

Mit Gefängnis von acht Tagen bis zu einem Jahr und mit Geldstrafe von fünfzig Franken bis zu eintausend Franken oder mit einer dieser Strafen allein wird bestraft:

wer zur Ernährung geeignete Nahrungsmittel oder Getränke, die zum Verkauf oder Ausschank bestimmt sind, verfälscht oder verfälschen läßt;

wer solche Gegenstände verkauft, ausschenkt oder zum Verkauf ausstellt, obwohl er weiß, daß sie verfälscht sind;

wer durch gedruckte oder nicht gedruckte Plakate oder Bekanntmachungen Verfahren zur Verfälschung dieser Gegenstände böswillig oder betrügerischerweise anpreist oder bekanntgibt.

Artikel 501

Mit Gefängnis von acht Tagen bis zu sechs Monaten und mit Geldstrafe von sechsundzwanzig Franken bis zu fünfhundert Franken oder mit einer dieser Strafen allein wird derjenige bestraft, bei dem zur Ernährung geeignete und zum Verkauf oder Ausschank bestimmte Nahrungsmittel oder Getränke gefunden werden, wenn er weiß, daß sie verfälscht sind.

Artikel 502

In den in den beiden vorhergehenden Artikeln aufgeführten Fällen kann das Gericht anordnen, daß das Urteil auf Kosten des Verurteilten an den vom Gericht bezeichneten Orten ausgehängt und ganz oder im Auszug in den vom Gericht angegebenen Zeitungen veröffentlicht wird.

Wird der Schuldige zu Gefängnis von mindestens sechs Monaten verurteilt, *so ist ihm seine Konzession zu entziehen; er kann während der Dauer seiner Strafe keine neue Konzession erhalten.*

Artikel 503

Die im Besitz des Schuldigen gefundenen verfälschten Nahrungsmittel oder Getränke werden beschlagnahmt und eingezogen.

Wenn sie der Ernährung dienen können, sind sie der Gemeinde, in der die Straftat begangen worden ist, zur Verfügung zu stellen mit der Auflage, sie den Armenhäusern oder der Wohltätigkeitsorganisation, je nach den Bedürfnissen dieser Einrichtungen, zu übergeben; andernfalls sind die Gegenstände gebrauchsunfähig zu machen.

Artikel 504

Die Bestimmung des Artikels 462 findet auf die in den Artikeln 496, 498 und 499 aufgeführten Vergehen Anwendung.

Abschnitt IV

Von der Hehlerei mittels eines Verbrechens oder eines Vergehens erlangter Gegenstände

Artikel 505

Wer weggenommene, beiseite geschaffte oder mittels eines Verbrechens oder eines Vergehens erlangte Gegenstände ganz oder zum Teil hehlt, wird mit Gefängnis von fünfzehn Tagen bis zu fünf Jahren und mit Geldstrafe von sechsundzwanzig Franken bis zu fünfhundert Franken bestraft.

Er kann darüber hinaus zum Verlust von Rechten nach Maßgabe des Artikels 33 verurteilt *und für mindestens zwei Jahre und höchstens fünf Jahre unter besondere Polizeiaufsicht gestellt* werden.

Artikel 506

Falls auf den Täter des Verbrechens die Todesstrafe oder die Strafe der lebenslänglichen Zwangsarbeit anwendbar ist, wird der in dem vorhergehenden Artikel bezeichnete Hehler zu Zuchthaus verurteilt, wenn er überführt wird, daß er im Zeitpunkt der Hehlerei Kenntnis von den Umständen gehabt hat, an die das Gesetz die Todesstrafe oder die Strafe der lebenslänglichen Zwangsarbeit knüpft.

Abschnitt V

Von einigen anderen Betrügereien

Artikel 507

Mit Gefängnis von acht Tagen bis zu zwei Jahren und mit Geldstrafe von sechsundzwanzig Franken bis zu fünfhundert Franken werden bestraft der Pfandschuldner und jeder, der in dessen Interesse bei ihm gepfändete Gegenstände betrügerischerweise zerstört oder beiseite schafft.

Artikel 508

Mit Gefängnis von acht Tagen bis zu zwei Jahren und mit Geldstrafe von sechsundzwanzig Franken bis zu fünfhundert Franken wird bestraft:

wer eine einem anderen gehörende bewegliche Sache, die er gefunden oder in deren Besitz er durch Zufall gelangt ist, betrügerischerweise verheimlicht oder an Dritte abliefert;

wer sich einen Schatz, den er entdeckt hat, zum Nachteil der Personen, denen das Gesetz einen Anteil zubilligt, aneignet.

Artikel 508 a

Mit Gefängnis von acht Tagen bis zu drei Monaten und mit Geldstrafe von zweihundert Franken bis zu fünfzehnhundert Franken oder mit einer dieser Strafen allein wird bestraft, wer in Kenntnis seiner unbedingten Zahlungsunfähigkeit sich in einer hierzu bestimmten Einrichtung Getränke oder Speisen bringen läßt, die er dort ganz oder teilweise verzehrt, oder sich in einem Hotel oder einer Herberge Quartier geben läßt oder einen Mietwagen mietet.

Im Rückfall können die Strafen verdoppelt werden.

Die in den vorhergehenden Absätzen aufgeführten Vergehen können nur auf Antrag der verletzten Partei verfolgt werden. Die Bezahlung des

Preises und gegebenenfalls der von der klagenden Partei vorgeschossenen Gerichtskosten oder ihr Verzicht bringen das öffentliche Verfahren zum Erlöschen.

(Gesetz vom 23. März 1936)

Artikel 509

Mit Gefängnis von einem Monat bis zu zwei Jahren und mit Geldstrafe von sechsundzwanzig Franken bis zu dreitausend Franken wird bestraft, wer sich betrügerischerweise Gelder, Werte oder Entlastungsbescheinigungen mittels eines auf eine Person gezogenen Wechsels beschafft, die nicht existiert oder von der er weiß, daß sie nicht seine Schuldnerin ist oder am Fälligkeitstage sein wird und die ihn nicht zum Bezug des Wechsels auf sich ermächtigt hat.

Jedoch kann eine Strafverfolgung nicht stattfinden oder wird eingestellt, wenn der Wechsel bezahlt wird oder wenn die Deckungsbeträge beschafft werden in dem Zeitpunkt, in dem der Betrug entdeckt wird, sofern nicht der Betrogene Strafantrag gestellt hat.

In diesem Fall wird der Schuldige zu Gefängnis von vierzehn Tagen bis zu drei Monaten und zu Geldstrafe von sechsundzwanzig Franken bis zu dreihundert Franken oder zu einer dieser Strafen allein verurteilt.

Artikel 509 a

Mit Gefängnis von einem Monat bis zu zwei Jahren und mit Geldstrafe von sechsundzwanzig Franken bis zu dreitausend Franken wird bestraft,

1. wer wissentlich ohne ausreichende, vorherige und verfügbare Deckung einen Scheck oder irgendein anderes auf Barzahlung und auf Sicht mit dem Hinweis auf verfügbare Guthaben ausgestelltes Wertpapier ausgibt;
2. wer eines dieser Wertpapiere abtritt, obwohl er weiß, daß die Deckung nicht ausreichend und verfügbar ist;
3. der Aussteller, der wissentlich ganz oder teilweise die Deckung eines dieser Wertpapiere in den drei Monaten seines Umlaufs zurückzieht;
4. der Aussteller, der in betrügerischer oder schädigender Absicht die Deckung eines dieser Wertpapiere nicht verfügbar werden läßt.

(Gesetz vom 25. März 1929, Artikel 1)

KAPITEL III

Zerstörungen, Sachbeschädigungen, Schäden

Abschnitt I

Von der Brandstiftung

Artikel 510

Mit Zwangsarbeit von fünfzehn Jahren bis zu zwanzig Jahren wird bestraft, wer in Brand setzt:

Gebäude, Seeschiffe, Flußschiffe, Warenlager, Schuppen oder irgendwelche andere Räumlichkeiten, die zur Wohnung dienen und in denen sich zur Zeit der Brandstiftung eine oder mehrere Personen befinden;

Gebäude, die den Bürgern zu Versammlungszwecken dienen, zur Zeit der Versammlungen;

alle, selbst unbewohnte, Räumlichkeiten, wenn der Täter nach den Umständen annehmen muß, daß sich zur Zeit des Verbrechens eine oder mehrere Personen dort befinden.

Artikel 511

Mit Zwangsarbeit von zehn Jahren bis zu fünfzehn Jahren wird bestraft, wer die in Artikel 510 aufgeführten Gegenstände, abgesehen von den in diesem Artikel vorgesehenen Fällen, oder Wälder, Gehölz, Buschholz oder Ernten auf dem Halm in Brand setzt.

Gehören diese Gegenstände jedoch ausschließlich dem, der sie anzündet, und wird das Feuer in böswilliger oder betrügerischer Absicht angelegt, so wird der Schuldige mit Gefängnis von einem Jahr bis zu fünf Jahren und mit Geldstrafe von zweihundert Franken bis zu eintausend Franken bestraft.

Artikel 512

Mit Zuchthaus wird bestraft, wer gemähte Ernten oder geschlagenes und haufen- oder klafterweise geschichtetes Holz in Brand setzt.

War das geschlagene Holz nicht zusammengelegt, so ist die Strafe Gefängnis von einem Jahr bis zu fünf Jahren und Geldstrafe von fünfzig Franken bis zu fünfhundert Franken.

Gehören die Ernten oder das Holz ausschließlich dem, der sie anzündet, und wird das Feuer in böswilliger oder betrügerischer Absicht angelegt, so ist die Strafe

in dem ersten, in diesem Artikel aufgeführten Fall Gefängnis von sechs Monaten bis zu drei Jahren und Geldstrafe von fünfzig Franken bis zu fünfhundert Franken;

in dem zweiten Fall Gefängnis von drei Monaten bis zu zwei Jahren und Geldstrafe von sechsundzwanzig Franken bis zu zweihundert Franken.

Artikel 513

Wird das Feuer zur Nachtzeit angelegt, so werden die in Artikel 510, 511 und 512 angedrohten Strafen ersetzt:

die Zwangsarbeit von fünfzehn Jahren bis zu zwanzig Jahren durch lebenslängliche Zwangsarbeit;

die Zwangsarbeit von zehn Jahren bis zu fünfzehn Jahren durch Zwangsarbeit von fünfzehn Jahren bis zu zwanzig Jahren;

Zuchthaus durch Zwangsarbeit von zehn Jahren bis zu fünfzehn Jahren;

die in Artikel 511 Absatz 2 angedrohte Gefängnis- und Geldstrafe durch Zuchthaus;

die in Artikel 512 Absatz 3 angedrohte Gefängnis- und Geldstrafe

in dem ersten Fall dieses Absatzes durch Gefängnisstrafe von einem Jahr bis zu vier Jahren und Geldstrafe von einhundert Franken bis zu eintausend Franken;

in dem zweiten Fall durch Gefängnisstrafe von sechs Monaten bis zu drei Jahren und Geldstrafe von fünfzig Franken bis zu fünfhundert Franken.

Artikel 514

Ist die Brandstiftung mit Gefängnisstrafe bedroht, so wird der Versuch der Brandstiftung mit Gefängnis von zwei Monaten bis zu zwei Jahren und mit Geldstrafe von sechsundzwanzig Franken bis zu zweihundert Franken bestraft.

Artikel 515

In den in den vorhergehenden Artikeln aufgeführten Fällen kann der zu einer Gefängnisstrafe verurteilte Schuldige darüber hinaus zum Verlust von Rechten nach Maßgabe des Artikels 33 verurteilt *und für mindestens zwei Jahre und höchstens fünf Jahre unter besondere Polizeiaufsicht gestellt* werden.

Artikel 516

Wer in der Absicht, eine der in den Artikeln 510, 511 und 512 aufgeführten Taten zu begehen, irgendwelche Gegenstände in Brand setzt, die so gelagert sind, daß das Feuer auf die Sache, die er zerstören will, übergreifen kann, wird so bestraft, als ob er diese Sache unmittelbar in Brand gesetzt oder in Brand zu setzen versucht hätte.

Artikel 517

Greift das Feuer von dem Gegenstand, den der Schuldige verbrennen will, auf einen anderen Gegenstand über, dessen Zerstörung mit einer schwereren Strafe bedroht ist, so wird auf diese Strafe erkannt, wenn beide Sachen so gelagert waren, daß der Brand notwendigerweise von einer Sache auf die andere übergreifen mußte.

Artikel 518

Hat der Brand bei einer oder mehreren Personen Wunden verursacht, die sich im Zeitpunkt der Begehung des Verbrechens oder Vergehens dort befanden, wo der Brand angelegt wurde, und war dies dem Täter bekannt, so wird der Schuldige so bestraft, als ob er diese Wunden mit Vorbedacht herbeigeführt hätte, und gegen ihn auf die hierfür vom Gesetz angedrohte Strafe erkannt, falls diese schwerer ist als die für die Brandstiftung angedrohte Strafe.

Im gegenteiligen Fall wird die letztgenannte Strafe um zwei Jahre über die Höchststrafe hinaus erhöht, wenn sie in Zuchthaus oder zeitiger Zwangsarbeit besteht.

Hat die Tat den Tod verursacht, so ist die Strafe der Tod.

Artikel 519

Mit Gefängnis von acht Tagen bis zu drei Monaten und mit Geldstrafe von sechsundzwanzig Franken bis zu fünfhundert Franken oder mit einer dieser Strafen allein wird bestraft der Brand beweglichen oder unbeweglichen Eigentums eines anderen, der verursacht wird durch übermäßiges Alter oder unterlassene Wiederinstandsetzung oder Reinigung von nahegelegenen Backöfen, Schornsteinen, Schmieden, Häusern oder Fabriken, durch Anlegung eines Feuers auf dem Felde in einem Abstand von weniger als einhundert Metern von Häusern, Gebäuden, Wäldern, Heideland, Gehölz, Obstgärten, Anpflanzungen, Hecken, Schobern, Getreide-, Stroh-, Heu-, Futterhaufen oder anderen Lagerplätzen brennbaren Materials, durch Tragen oder Stehenlassen von Feuer oder Licht oder durch unvorsichtiges Abbrennen oder Abziehen von Feuerwerkskörpern.

Artikel 520

Mit den in den vorhergehenden Artikeln angedrohten Strafen und unter Berücksichtigung der dort aufgestellten Unterscheidungsmerkmale wird bestraft, wer durch eine Explosion Gebäude, Seeschiffe, Flußschiffe, Fahrzeuge, Waggons, Warenlager, Baustellen oder sonstige Bauwerke zerstört oder zu zerstören versucht.

Abschnitt II

Von der Zerstörung von Bauwerken, Dampfmaschinen und Telegrafenapparaten

Artikel 521

Wer auf irgendeine Weise ganz oder teilweise Gebäude, Brücken, Dämme, Straßen, Eisenbahnanlagen oder andere einem anderen gehörende Bauwerke zerstört oder zum Einsturz bringt, wird mit Zuchthaus bestraft.

Artikel 522

Die Bestimmung des Artikels 518 ist auf den in dem vorhergehenden Artikel aufgeführten Fall anwendbar.

Artikel 523

Wer eine einem anderen gehörende Dampfmaschine zerstört, wird zu Gefängnis von vierzehn Tagen bis zu drei Jahren und zu Geldstrafe von fünfzig Franken bis zu fünfhundert Franken verurteilt.

Eine Zerstörung liegt vor, sobald die Maschine durch Einwirkung auf das Triebwerk oder auf die beweglichen Maschinenteile ganz oder teilweise gebrauchsunfähig geworden ist.

Artikel 524

(Aufgehoben durch Artikel 31 des Gesetzes vom 13. Oktober 1930, das die verschiedenen Gesetzesbestimmungen betreffend das Telegrafen- und Fernsprechwesen zusammenfaßt.)

Artikel 525

Werden die in den beiden vorhergehenden Artikeln aufgeführten Taten von mehreren gemeinsam oder bandenmäßig und mit Hilfe von Gewalt, Tätlichkeiten oder Drohungen begangen, so werden die Schuldigen mit Zuchthaus bestraft.

Die Anführer und die Rädelsführer werden zu Zwangsarbeit von zehn Jahren bis zu fünfzehn Jahren und zu Geldstrafe von fünfhundert Franken bis zu fünftausend Franken verurteilt.

Abschnitt III

Von der Zerstörung oder Beschädigung von Grabmälern, Denkmälern, Kunstgegenständen, Wertpapieren, Urkunden oder anderen Papieren

Artikel 526

Mit Gefängnis von acht Tagen bis zu einem Jahr und mit Geldstrafe von sechsundzwanzig Franken bis zu fünfhundert Franken wird bestraft, wer zerstört, niederreißt, verstümmelt oder beschädigt

Grabmäler, Gedenkzeichen oder Grabsteine;

Denkmäler, Statuen oder andere Gegenstände, die dem öffentlichen Nutzen oder der öffentlichen Verschönerung zu dienen bestimmt und von der zuständigen Behörde oder mit ihrer Genehmigung errichtet worden sind;

Denkmäler, Statuen, Gemälde oder andere Kunstgegenstände, die in Kirchen, Tempeln oder anderen öffentlichen Gebäuden stehen.

Artikel 527

Wer böswillig oder betrügerischerweise Register, Protokolle oder Originalurkunden öffentlicher Behörden, Wertpapiere, Schuldscheine, Wechsel, Handels- oder Bankpapiere, die eine Verpflichtung, Verfügung oder Entlastung enthalten oder bewirken, auf irgendeine Weise zerstört, wird unter Berücksichtigung der im ersten Kapitel dieses Teils aufgestellten Unterscheidungsmerkmale so bestraft, als hätte er diese Stücke entwendet.

Abschnitt IV

Von der Zerstörung oder Verschlechterung von Nahrungsmitteln, Waren oder anderem beweglichen Eigentum

Artikel 528

Jede Zerstörung, jede Beschädigung beweglichen Eigentums eines anderen, die mittels Gewalt oder Drohungen durchgeführt wird, wird mit Gefängnis von acht Tagen bis zu drei Jahren und mit Geldstrafe von sechsundzwanzig Franken bis zu fünfhundert Franken oder mit einer dieser Strafen allein bestraft.

Artikel 529

Die von mehreren gemeinsam oder bandenmäßig begangene Tat wird mit Zuchthaus bestraft.

Die Anführer und die Rädelsführer werden mit Zwangsarbeit von zehn Jahren bis zu fünfzehn Jahren bestraft.

Artikel 530

Die Zerstörung oder Beschädigung beweglichen Eigentums eines anderen, die in einem bewohnten Haus oder den dazugehörigen Grundstücksteilen mittels Gewalt oder Drohungen und unter einem der in Artikel 471 aufgeführten Umstände herbeigeführt wird, wird mit Zwangsarbeit von zehn Jahren bis zu fünfzehn Jahren bestraft.

Die Strafe ist nicht niedriger als zwölf Jahre, wenn das Verbrechen von mehreren gemeinsam oder bandenmäßig begangen wird.

Die Anführer und die Rädelsführer werden mit Zwangsarbeit von fünfzehn Jahren bis zu zwanzig Jahren bestraft.

Artikel 531

Haben die Gewalttätigkeiten oder die Drohungen, mittels derer die Zerstörung oder Beschädigung begangen wird, eine Krankheit oder eine der in Artikel 400 aufgeführten Körperverletzungen verursacht, so wird der Schuldige mit der Strafe bestraft, die gegenüber der in den beiden vorhergehenden Artikeln verwirkten Strafe die nächsthöhere ist.

Artikel 532

Der Totschlag, der begangen wird, um die Zerstörung oder Beschädigung zu erleichtern oder die Straflosigkeit zu gewährleisten, wird mit dem Tode bestraft.

Artikel 533

Wer böswillig oder betrügerischerweise Waren oder Fabrikationsmaterial verändert oder verschlechtert, wird mit Gefängnis von einem Monat bis zu einem Jahr und mit Geldstrafe von sechsundzwanzig Franken bis zu dreihundert Franken bestraft.

Die Gefängnisstrafe beträgt sechs Monate bis zu drei Jahren und die Geldstrafe fünfzig Franken bis zu fünfhundert Franken, wenn das Vergehen von einer in der Fabrik, der Werkstatt oder dem Handelshaus angestellten Person begangen wird.

Artikel 534

Wer böswillig die Befestigungs- oder Bremsmittel, die ein Schiff, einen Waggon oder einen Wagen halten, beseitigt, zerschneidet oder zerstört, wird mit Gefängnis von acht Tagen bis zu zwei Jahren bestraft.

Abschnitt V

Zerstörungen und Verwüstungen von Ernten, Pflanzen, Bäumen, Pfropfreisern, Getreide und Futtermitteln, Zerstörung von landwirtschaftlichen Geräten

Artikel 535

Mit Gefängnis von einem Monat bis zu drei Jahren und mit Geldstrafe von sechsundzwanzig Franken bis zu fünfhundert Franken wird bestraft, wer böswillig Ernten auf dem Halm oder von selbst gewachsene oder von Menschenhand gesetzte Pflanzen abschneidet oder verwüstet.

Artikel 536

Mit Gefängnis von einem Monat bis zu zwei Jahren und mit Geldstrafe von sechsundzwanzig Franken bis zu zweihundert Franken wird bestraft, wer böswillig ein besätes Feld verwüstet, auf ein Feld Samen von Unkraut oder von anderen schädlichen Gräsern oder Pflanzen ausstreut oder landwirtschaftliche Geräte, Viehhürden oder Hütten der Wächter zerstört oder gebrauchsunfähig macht.

Artikel 537

Wer böswillig einen oder mehrere Bäume fällt, Bäume derart anschneidet, verstümmelt oder schält, daß sie absterben müssen, oder einen oder mehrere Pfropfreiser zerstört, wird bestraft:

für jeden Baum mit Gefängnis von acht Tagen bis zu drei Monaten und mit Geldstrafe von sechsundzwanzig Franken bis zu einhundert Franken;

für jedes Pfropfreis mit Gefängnis von acht Tagen bis zu vierzehn Tagen und mit Geldstrafe von sechsundzwanzig Franken bis zu fünfzig Franken oder mit einer dieser Strafen allein.

In keinem Fall darf die Gesamtheit der Strafen drei Jahre Gefängnis und fünfhundert Franken Geldstrafe übersteigen.

Abschnitt VI

Von der Vernichtung von Tieren

Artikel 538

Wer Pferde oder andere Zug- oder Lasttiere, Hornvieh, Schafe, Ziegen oder Schweine vergiftet, wird mit Gefängnis von drei Monaten bis zu zwei Jahren und mit Geldstrafe von sechsundzwanzig Franken bis zu dreihundert Franken bestraft.[1])

Artikel 539

Wer zum Zwecke der Vernichtung von Fischen hierzu geeignete Substanzen in einen *Fluß, Kanal, Bach*[2]), Teich, Fischteich oder Wasserbehälter wirft, wird mit Gefängnis von acht Tagen bis zu drei Monaten und mit Geldstrafe von sechsundzwanzig Franken bis zu dreihundert Franken bestraft.

Artikel 540

Wer ohne Notwendigkeit eines der in Artikel 538 erwähnten Tiere tötet oder es schwer verletzt, wird wie folgt bestraft:

Wird das Vergehen in einem Bauwerk, einer Einfriedigung oder einem dazugehörigen Grundstücksteil oder auf einem Landstück begangen, dessen Eigentümer, Mieter, Siedler oder Pächter der Herr des getöteten oder verletzten Tieres ist, so ist die Strafe Gefängnis von einem Monat bis zu sechs Monaten und Geldstrafe von fünfzig Franken bis zu dreihundert Franken;

wird es an einem Ort begangen, dessen Eigentümer, Mieter, Siedler oder Pächter der Schuldige ist, so ist die Strafe Gefängnis von acht Tagen bis zu zwei Monaten und Geldstrafe von sechsundzwanzig Franken bis zu einhundert Franken;

wird es an einem anderen Ort begangen, so ist die Strafe Gefängnis von vierzehn Tagen bis zu drei Monaten und Geldstrafe von fünfzig Franken bis zu zweihundert Franken.

Artikel 541

Wer ohne Notwendigkeit ein anderes als in Artikel 538 erwähntes Haustier an einem Ort, dessen Eigentümer, Nutznießer, Benutzer, Mieter, Siedler oder Pächter derjenige ist, dem das Tier gehört, tötet oder schwer verletzt, wird mit Gefängnis von acht Tagen bis zu drei Monaten und mit Geldstrafe von sechsundzwanzig Franken bis zu zweihundert Franken oder mit einer dieser Strafen allein bestraft.

Auf die gleichen Strafen wird erkannt, wenn die Tat böswillig begangen wird an einem gezähmten Tier oder an einem in Gefangenschaft gehaltenen Tier an dessen Verwahrungsort oder an einem Haustier in dem Zeitpunkt, in dem es zu dem ihm bestimmten Dienst gebraucht wird, und an einem Ort, an dem sein Herr das Recht hat, sich aufzuhalten.

Artikel 542

Wird in den in den vorhergehenden Artikeln aufgeführten Fällen die Einfriedigung verletzt, so erhöht sich die Mindeststrafe entsprechend Artikel 266.

---

[1]) Diese Bestimmung wird durch das Tierschutzgesetz vom 22. März 1929 ergänzt.

[2]) Hinsichtlich der fließenden Gewässer siehe Artikel 8 des Gesetzes vom 19. Januar 1883 über die Flußfischerei (Moniteur vom 15. Februar 1883).

Abschnitt VII

Gemeinsame Bestimmungen für die vorhergehenden Abschnitte

Artikel 543

Werden die in den Abschnitten V und VI dieses Kapitels aufgeführten Taten aus Haß gegen einen öffentlichen Bediensteten und auf Grund seiner Diensttätigkeit oder zur Nachtzeit begangen, so erhöht sich die Mindeststrafe entsprechend Artikel 266.

Artikel 544

(Aufgehoben durch Artikel 31 des Gesetzes vom 9. April 1930 über die soziale Verteidigung)

Abschnitt VIII

Von der Zerstörung von Einfriedigungen, von der Verrückung oder Beseitigung von Grenzsteinen und Eckbäumen

Artikel 545

Mit Gefängnis von acht Tagen bis zu sechs Monaten und mit Geldstrafe von sechsundzwanzig Franken bis zu zweihundert Franken oder mit einer dieser Strafen allein wird bestraft, wer ganz oder teilweise Gräben zuschüttet, lebende oder trockene Hecken abschneidet oder ausreißt, ländliche oder städtische Einfriedigungen gleich welchen Materials zerstört, Grenzsteine, Eckbäume oder andere Bäume, die zur Festlegung der Grenzen zwischen verschiedenen Grundstücken gepflanzt oder anerkannt sind, verrückt oder beseitigt.

Artikel 546

Werden die in dem vorhergehenden Artikel aufgeführten Taten zu dem Zweck begangen, sich widerrechtlich Gelände anzueignen, so ist die Strafe Gefängnis von einem Monat bis zu einem Jahr und Geldstrafe von fünfzig Franken bis zu zweitausend Franken.

Abschnitt IX

Durch Überschwemmungen verursachte Zerstörungen und Schäden

Artikel 547

Mit Zwangsarbeit von zehn Jahren bis zu fünfzehn Jahren wird bestraft, wer böswillig oder betrügerischerweise ganz oder teilweise Bergwerksanlagen überschwemmt.

Mußte nach den Umständen der Schuldige annehmen, daß sich zur Zeit der Überschwemmung eine oder mehrere Personen in dem Bergwerk befinden, so wird er zu Zwangsarbeit von fünfzehn bis zu zwanzig Jahren verurteilt.

Artikel 548

Die Bestimmung des Artikels 518 findet auf die in dem vorhergehenden Artikel aufgeführte Tat Anwendung.

Artikel 549

Wer böswillig oder betrügerischerweise das Grundstück eines anderen überschwemmt oder in schädigender Weise Wasser auf es leitet, wird zu

Geldstrafe von sechsundzwanzig Franken bis zu dreihundert Franken verurteilt.

Artikel 550

Mit Geldstrafe von fünfzig Franken bis zu fünfhundert Franken wird bestraft der Eigentümer, der Pächter oder jede andere Person, die Mühlen, Fabrikanlagen oder Teiche nutzt, wenn sie durch Erhöhung ihres Wasserwehrs über die von der zuständigen Behörde festgesetzte Höhe hinaus eine Überschwemmung der Wege oder des Eigentums eines anderen herbeiführt.

Verursacht diese Tat irgendwelche Wertminderungen, so ist die Strafe außer der Geldstrafe Gefängnis von acht Tagen bis zu einem Monat.

Teil X

Von den Übertretungen

KAPITEL I

Von den Übertretungen erster Klasse

Artikel 551

Mit Geldstrafe von einem Franken bis zu zehn Franken wird bestraft, wer

1. es unterläßt, Backöfen, Kamine oder Fabrikanlagen, wo mit Feuer gearbeitet wird, zu unterhalten, auszubessern oder zu reinigen;
2. seine Verpflichtung zur Beleuchtung vernachlässigt;
3. es unterläßt, die Straßen oder Gehwege in den Gemeinden zu reinigen, in denen dies den Einwohnern obliegt;
4. ohne Notwendigkeit oder Erlaubnis der zuständigen Behörde Straßen, Plätze oder andere Teile eines öffentlichen Weges dadurch sperrt, daß er dort Materialien, Gerüste oder irgendwelche andere Gegenstände zurückläßt oder dort Gruben aushebt;
5. unter Zuwiderhandlung gegen die Gesetze und Rechtsvorschriften es unterläßt, Materialien, Gerüste oder irgendwelche anderen Gegenstände, die er in den Straßen, Plätzen oder anderen Teilen eines öffentlichen Weges abgestellt oder zurückgelassen hat, oder dort von ihm ausgehobene Gruben zu beleuchten;
6. es unterläßt oder sich weigert, die Gesetze, Verordnungen oder Rechtsvorschriften betreffend Netz und Verwaltung der kleineren Verbindungswege auszuführen;
7. es unterläßt oder sich weigert, der Aufforderung der Verwaltungsbehörde nachzukommen, baufällige Gebäude auszubessern oder abzureißen.

Artikel 552

Ebenfalls mit Geldstrafe von einem Franken bis zu zehn Franken wird bestraft, wer

1. auf einem öffentlichen Weg Gegenstände wegwirft, abstellt oder zurückläßt, die geeignet sind, durch ihren Fall oder ihre ungesunden Ausdünstungen zu schaden;

2. auf Straßen, Wegen, Plätzen, an der Öffentlichkeit zugänglichen Orten oder auf Feldern Pflugeisen, Zangen, Stangen, Gitterstäbe, Leitern oder andere Geräte, Werkzeuge oder Waffen zurückläßt, die ein Dieb oder ein anderer Übeltäter mißbrauchen kann. Außerdem werden die vorerwähnten Gegenstände beschlagnahmt und eingezogen;
3. (aufgehoben durch Artikel 98 Nr. 11 des Landwirtschaftsgesetzes);
4. (aufgehoben durch Artikel 98 Nr. 11 des Landwirtschaftsgesetzes);
5. unvorsichtigerweise auf eine Person einen Gegenstand wirft, der diesen belästigen oder beschmutzen kann;
6. unberechtigt das Grundstück eines anderen, das bearbeitet oder besät ist, betritt oder seinen Hund auf dieses führt oder laufen läßt;
7. (aufgehoben durch Artikel 98 Nr. 11 des Landwirtschaftsgesetzes).

Artikel 553

Mit Geldstrafe von einem Franken bis zu zehn Franken und mit Gefängnis von einem Tag bis zu drei Tagen oder mit einer dieser Strafen allein wird bestraft, wer

1. das Verbot verletzt, an bestimmten Orten Feuerwaffen abzuschießen oder Feuerwerkskörper abzubrennen; außerdem werden die beschlagnahmten Feuerwaffen und Feuerwerkskörper eingezogen;
2. (aufgehoben durch Artikel 98 Nr. 11 des Landwirtschaftsgesetzes).

Artikel 554

Im Rückfall kann wegen einer der in Artikel 551 und 552 aufgeführten Übertretungen unabhängig von der Geldstrafe eine Gefängnisstrafe von einem Tag bis zu drei Tagen verhängt werden.

Wegen der in dem vorhergehenden Artikel aufgeführten Übertretungen kann der Richter, wenn Rückfall vorliegt, außer der Geldstrafe eine Gefängnisstrafe von höchstens fünf Tagen verhängen.

KAPITEL II

Von den Übertretungen zweiter Klasse

Artikel 555

(Aufgehoben durch Artikel 4 der Rechtsverordnung vom 31. Januar 1946)

Artikel 556

Mit Geldstrafe von fünf Franken bis zu fünfzehn Franken wird auch bestraft, wer

1. Pferde, Zug-, Last- oder Reittiere, die seiner Obhut anvertraut sind, in das Innere eines bewohnten Raumes hineinführt oder eindringen läßt;
2. Geisteskranke oder Tobsüchtige, die unter seiner Aufsicht stehen, oder bösartige oder wilde Tiere frei herumlaufen läßt;
3. seinen Hund hetzt und nicht zurückhält, wenn dieser Vorübergehende angreift oder verfolgt, selbst wenn dadurch keine Verletzung oder kein Schaden entsteht;
4. mangels entgegenstehender Vereinbarung sich weigert, Geld, das weder verfälscht noch gefälscht ist, zu dem Wert anzunehmen, zu dem es in Belgien gesetzlichen Kurs hat;

5. sich weigert oder es unterläßt, trotz Aufforderung bei Unglücksfällen, Unruhen, Schiffbruch, Überschwemmung, Brand oder anderen Notfällen, sowie im Falle des Straßenraubs, der Plünderung, des Ertappens auf frischer Tat, Hilfegeschrei oder einer gerichtlichen Vollstreckung Arbeiten oder eine Dienstleistung zu verrichten oder Hilfe zu leisten, obwohl er es konnte;
6. unberechtigt das Grundstück eines anderen betritt oder seinen Hund auf dieses führt oder laufen läßt zu einer Zeit, wo dieses Grundstück Getreide auf dem Halm, Weintrauben oder andere reife oder fast reife Früchte trägt;
7. Vieh, Zug-, Last- oder Reittiere auf das Grundstück eines anderen treibt oder laufen läßt zu einer Zeit, zu der sich auf diesem Grundstück die Ernte befindet.

Artikel 557

Mit Geldstrafe von fünf Franken bis zu fünfzehn Franken und mit Gefängnis von einem Tag bis zu vier Tagen oder mit einer dieser Strafen allein wird bestraft:

1. der Führer irgendeines Wagens oder eines Lasttiers, der sich nicht ständig in Reichweite seiner Pferde, Zug- oder Lasttiere oder seines Wagens aufhält und imstande ist, sie zu lenken oder zu führen, der die Mitte der Straßen, Wege oder Gassen einhält, wenn andere Wagen oder Lasttiere sich neben ihm vorwärts bewegen, der es unterläßt, vor jedem anderen Wagen oder Lasttier bei dessen Annäherung auszuweichen oder ihm Platz zu machen und ihm wenigstens die Hälfte des Weges freizulassen, oder der den diesbezüglichen Rechtsvorschriften zuwiderhandelt;
2. wer den Rechtsvorschriften über Geschwindigkeit, Lenkung, Belastung des Wagens oder der Tiere und über die Zuverlässigkeit öffentlicher Wagen, der Art ihrer Belastung, der Zahl und der Sicherheit der Reisenden zuwiderhandelt;
3. wer auf Straßen, Wegen, Plätzen oder an der Öffentlichkeit zugänglichen Orten Lotteriespiele oder andere Glücksspiele veranstaltet oder unterhält;

   Außerdem werden die Tische, Werkzeuge, Spiel- oder Lotterieapparate sowie die Einsätze, Gelder, Waren, Gegenstände oder Lose, die den Spielern ausgesetzt sind, beschlagnahmt und eingezogen.
4. wer mit Steinen oder anderen harten Körpern oder sonstigen Gegenständen, die beschmutzen oder beschädigen können, nach Federwagen, Häusern, Gebäuden und Einfriedigungen anderer wirft;
5. wer an einem Ort, dessen Eigentümer, Mieter, Siedler, Pächter, Nutznießer oder Benutzer er ist, ein nicht in Artikel 538 erwähntes Haustier zum Nachteil eines anderen böswillig tötet oder schwer verletzt;
6. wer Ernten oder andere nützliche Erzeugnisse der Erde, die noch nicht vom Boden getrennt sind, entwendet.

Wird die Tat zur Nachtzeit oder mittels Wagen oder Lasttieren oder auch von zwei oder mehreren Personen begangen, so werden die Schuldigen nach Maßgabe des Artikels 463 bestraft.

Artikel 558

Im Rückfall kann wegen einer der in Artikel 555 und 556 aufgeführten Übertretungen unabhängig von der Geldstrafe eine Gefängnisstrafe von einem Tag bis zu vier Tagen verhängt werden.

Wegen der in dem vorhergehenden Artikel aufgeführten Übertretungen kann der Richter, wenn Rückfall vorliegt, außer einer Geldstrafe eine Gefängnisstrafe von höchstens sieben Tagen verhängen.

KAPITEL III

Von den Übertretungen dritter Klasse

Artikel 559

Mit Geldstrafe von zehn Franken bis zu zwanzig Franken wird bestraft, wer

1. außerhalb der in Teil IX Kapitel III des zweiten Buchs dieses Gesetzbuchs ausgeführten Fälle vorsätzlich bewegliches Eigentum eines anderen beschädigt oder zerstört;
2. den Tod oder die schwere Verletzung von Tieren eines anderen durch freies Herumlaufenlassen von Geisteskranken oder Tobsüchtigen, von bösartigen oder wilden Tieren oder durch die Geschwindigkeit, falsche Lenkung oder übermäßige Belastung von Wagen, Pferden, Zug-, Last- oder Reittieren verursacht;
3. durch Unvorsichtigkeit oder Mangel an Vorsicht unfreiwillig die gleichen Schäden durch die Handhabung oder den Gebrauch von Waffen oder durch den Wurf von harten Körpern oder irgendwelchen Substanzen verursacht;
4. die gleichen Unfälle durch Überalterung, Beschädigung, mangelnde Ausbesserung oder Unterhaltung von Häusern oder Gebäuden, durch Aufschüttung oder Aushöhlung oder durch andere solche Arbeiten in oder neben öffentlichen Straßen, Wegen, Plätzen oder Gassen ohne die angeordneten oder gebräuchlichen Vorsichtsmaßregeln oder Kennzeichnungen verursacht.

Artikel 560

Mit Geldstrafe von zehn Franken bis zu zwanzig Franken wird bestraft, wer

1. rechtmäßig angebrachte Anschläge böswillig entfernt oder zerreißt;
2. an Orten, die der Allgemeinheit, dem Staat, den Provinzen oder den Gemeinden gehören, Rasen, Erde, Steine oder Materialien entnimmt, ohne dazu ordnungsgemäß ermächtigt worden zu sein.

Artikel 561

Mit Geldstrafe von zehn Franken bis zu zwanzig Franken und mit Gefängnis von einem Tag bis zu fünf Tagen oder mit einer dieser Strafen allein wird bestraft, wer

1. sich eines nächtlichen Lärmes oder Geräusches schuldig macht, das geeignet ist, die Ruhe der Einwohner zu stören;
2. Eßwaren, Getränke, Nahrungsmittel oder der Ernährung dienende Substanzen, die verdorben, verfault oder durch eine Rechtsvorschrift

der General-, Provinzial- oder Gemeindeverwaltung für schädlich erklärt worden sind, verkauft, absetzt oder zum Verkauf ausstellt; (Gesetz vom 4. August 1890, Artikel 5)

3. Eßwaren, Getränke, Nahrungsmittel oder der Ernährung dienende Substanzen, die verfälscht oder nachgemacht sind, ohne die in Artikel 500 geforderte betrügerische Absicht verkauft, absetzt oder zum Verkauf ausstellt;

   Die verdorbenen, verfaulten, schädlichen, verfälschten oder nachgemachten Eßwaren, Getränke, Nahrungsmittel oder der Ernährung dienende Substanzen, die im Besitz des Schuldigen gefunden werden, werden beschlagnahmt und eingezogen. (Gesetz vom 4. August 1890, Artikel 5)

   Wenn sie der Ernährung dienen können, sind sie der Gemeinde, in der die Tat begangen ist, zur Verfügung zu stellen mit der Auflage, sie den Armenhäusern oder der Wohltätigkeitsorganisation, je nach den Bedürfnissen dieser Einrichtungen, zu übergeben; andernfalls sind die Gegenstände gebrauchsunfähig zu machen.

4. in seinen Warenlagern, Kramläden oder Werkstätten oder in Markthallen, auf Jahrmärkten oder Märkten falsche Gewichte, falsche Maße oder falsche Wiegeinstrumente hat.

   Die falschen Gewichte, Maße und Instrumente werden eingezogen.

5. .... } (Aufgehoben durch Artikel 9 des Tierschutzgesetzes vom 22. März 1929)
6. .... }

7. gegen Behörden oder gegen Privatpersonen andere als die in Teil VIII Kapitel V des Zweiten Buchs dieses Gesetzbuchs aufgeführten Beleidigungen richtet.

Artikel 562

Bei Rückfall kann wegen einer der in Artikel 559 und 560 aufgeführten Übertretungen unabhängig von der Geldstrafe eine Gefängnisstrafe von höchstens fünf Tagen verhängt werden.

Wegen der im vorhergehenden Artikel erwähnten Übertretungen kann der Richter, wenn Rückfall vorliegt, außer der Geldstrafe eine Gefängnisstrafe von höchstens neun Tagen verhängen.

KAPITEL IV

Von den Übertretungen vierter Klasse

Artikel 563

Mit Geldstrafe von fünfzehn Franken bis zu fünfundzwanzig Franken und mit Gefängnis von einem Tag bis zu sieben Tagen oder mit einer dieser Strafen allein wird bestraft:

1. wer gewerbsmäßig wahrsagt und die Zukunft voraussagt oder Träume deutet. Die Werkzeuge, Geräte und Kostüme, die der Ausübung des Gewerbes des Wahrsagers, Propheten oder Traumdeuters dienen oder dazu bestimmt sind, werden beschlagnahmt und eingezogen;
2. wer vorsätzlich städtische oder ländliche Einfriedigungen, gleichgültig aus welchem Material sie hergestellt sind, beschädigt;
3. der Täter von Tätlichkeiten oder geringfügigen Gewalttätigkeiten, vorausgesetzt, daß er niemanden verletzt oder geschlagen hat und die

Tätlichkeiten nicht in die Klasse der Beleidigungen fallen; vor allem, wer vorsätzlich, aber ohne Beleidigungsabsicht, nach einer Person einen Gegenstand wirft, der geeignet ist, diese zu belästigen oder zu beschmutzen;

4. wer ohne Notwendigkeit vorsätzlich ein nicht in Artikel 538 erwähntes Haustier oder ein gezähmtes Tier an einem anderen Ort tötet oder schwer verletzt als an dem, dessen Eigentümer, Mieter, Pächter, Nutznießer oder Benutzer der Herr des Tieres oder der Schuldige ist.

5. (Aufgehoben durch Artikel 31 des Gesetzes vom 13. Oktober 1930)

Artikel 564

Bei Rückfall ist das Gericht berechtigt, unabhängig von der Geldstrafe eine Gefängnisstrafe von höchstens zwölf Tagen zu verhängen.

Gemeinsame Bestimmungen für die vier vorhergehenden Kapitel

Artikel 565

In den in den vorhergehenden vier Kapiteln aufgeführten Fällen liegt Rückfall vor, wenn der Täter bereits innerhalb der vorhergehenden zwölf Monate wegen der gleichen Übertretung verurteilt worden ist.

(Königlicher Beschluß Nr. 59 vom 10. Januar 1935, Artikel 3)

Artikel 566

Liegen in den in den vorhergehenden vier Kapiteln aufgeführten Fällen mildernde Umstände vor, so kann die Geldstrafe auf weniger als fünf Franken herabgesetzt werden; sie darf in keinem Fall niedriger als ein Franken sein.

Übergangsbestimmung

Artikel 567

Ein Königlicher Beschluß wird den Zeitpunkt des Inkrafttretens dieses Gesetzbuchs bestimmen[1]).

---

[1]) Durch Königlichen Beschluß vom 8. Juni 1867 ist das Strafgesetzbuch mit Wirkung vom 15. Oktober 1867 in Kraft gesetzt worden.

Anhang

Gesetz

über die soziale Verteidigung gegen Anomale und Gewohnheitsverbrecher

vom 9. April 1930

(Moniteur vom 11. Mai 1930)

KAPITEL I

Von der Stellung von Beschuldigten unter Beobachtung

Artikel 1

Bestehen Gründe zu der Annahme, daß der Beschuldigte sich in einem Zustand der Unzurechnungsfähigkeit oder schwerer seelischer Gleichgewichtsstörung oder erheblicher Geistesschwäche befindet, der ihn unfähig macht, seine Handlungen zu kontrollieren, können die Untersuchungsrichter und die erkennenden Gerichte in den Fällen, in denen das Gesetz die Untersuchungshaft gestattet, ihn zur Beobachtung in die psychiatrische Abteilung einer Strafvollzugsanstalt einweisen, gegebenenfalls unter Anordnung der sofortigen Ausführung dieser Entscheidung.

Artikel 2

Diese Maßnahme kann in jeder Lage des Verfahrens bis zur endgültigen Entscheidung nach Anhören des Beschuldigten und seines Rechtsbeistands auf Ersuchen der Staatsanwaltschaft oder auf Antrag des Beschuldigten oder seines Rechtsbeistands getroffen werden.

Dieses Ersuchen und dieser Antrag müssen schriftlich gestellt und begründet werden.

Artikel 3

Dieses Ersuchen und dieser Antrag sind zu richten bis zur Anordnung der Verweisung an die Ratskammer; nach der Anordnung der Verweisung bis zum Erlaß des erstinstanzlichen Urteils an das Gericht für Besserungssachen; nach der Einlegung der Berufung bis zur Verkündung des zweitinstanzlichen Urteils an die Berufungskammer für Besserungssachen; nach der Anordnung der Verweisung bis zur Zustellung des zweitinstanzlichen Urteils an die Anklagekammer; während der Dauer eines Verfahrens auf Bestimmung des zuständigen Gerichts ebenfalls an die Anklagekammer; nach der Zustellung des eine Verweisung anordnenden zweitinstanzlichen

Urteils an das Schwurgericht oder — außerhalb seiner Tagung — an die Anklagekammer.

Es wird innerhalb von acht Tagen über den Antrag entschieden.

Der Vorsitzende des Gerichts, das über das Ersuchen der Staatsanwaltschaft zu entscheiden hat, läßt drei Tage vorher in einem in der Geschäftsstelle geführten besonderen Register auf Ort, Tag und Stunde der Gerichtsverhandlung hinweisen.

Der Urkundsbeamte gibt dem Betroffenen und seinem Rechtsbeistand durch eingeschriebenen Brief davon Kenntnis.

Die Akte wird dem Rechtsbeistand des Beschuldigten für achtundvierzig Stunden zur Verfügung gestellt.

Der Beschuldigte kann stets die Dienste von selbstgewählten Ärzten in Anspruch nehmen und ihr Gutachten über die Zweckmäßigkeit der Stellung unter Beobachtung vorlegen.

Artikel 4

Die Staatsanwaltschaft und der Beschuldigte können gegen die Entscheidungen der Ratskammer und des Gerichts für Besserungssachen, in denen die Stellung unter Beobachtung angeordnet oder abgelehnt wird, Berufung einlegen.

Die Förmlichkeiten der Berufung und ihre Entscheidung bestimmen sich nach Artikel 19 und 20 des Gesetzes vom 20. April 1874[1]).

Artikel 5

In den in den vorhergehenden Artikeln aufgeführten Fällen wird in geheimer Sitzung entschieden.

Auf Antrag des Beschuldigten wird, vorbehaltlich der Anwendung des Artikels 96 der Verfassung, die Öffentlichkeit der Verhandlung angeordnet.

Artikel 6

Die Dauer der Stellung unter Beobachtung beträgt höchstens einen Monat.

Erscheint nach Ablauf dieses Zeitraums die Beobachtung noch unvollständig, so kann das Gericht, das die Stellung unter Beobachtung angeordnet hat, oder — außerhalb seiner Tagung — die Anklagekammer die Verlängerung um höchstens einen Monat anordnen. Diese Verlängerung kann erneuert werden; jedoch darf die Beobachtungszeit in keinem Fall sechs Monate übersteigen.

Das in Artikel 3, 4 und 5 vorgesehene Verfahren für die Stellung unter Beobachtung findet auch auf die Verlängerungsanträge Anwendung.

Nach Abschluß der Beobachtung wird der Beschuldigte, gegen den Haftbefehl ergangen ist, wieder in die Haftanstalt oder das Gerichtsgefängnis gebracht, es sei denn, daß seine unmittelbare Anstaltsunterbringung nach Artikel 7 angeordnet wird.

---

1) Gesetz betreffend die Untersuchungshaft vom 20. April 1874 — Moniteur vom 22. April 1874.

KAPITEL II

Von der Anstaltsunterbringung von Beschuldigten, die sich in einem Zustand der Unzurechnungsfähigkeit, seelischer Gleichgewichtsstörung oder Geistesschwäche befinden

Artikel 7

Die Untersuchungsrichter — sofern es sich nicht um ein politisches oder durch die Presse begangenes Verbrechen oder Vergehen handelt — und die erkennenden Gerichte können die unmittelbare Anstaltsunterbringung des Beschuldigten, der eine als Verbrechen oder Vergehen bezeichnete Handlung begangen hat und der sich in einem in Artikel 1 aufgeführten Zustand befindet, in einer der von der Regierung bestimmten und eingerichteten Sonderanstalten anordnen.

Die Entscheidung gibt die Dauer der Anstaltsunterbringung an, die nach den in Artikel 19 aufgestellten Unterscheidungsmerkmalen fünf, zehn oder fünfzehn Jahre beträgt.

Artikel 8

Gegen die Entscheidungen der Ratskammer, mit denen die Anstaltsunterbringung angeordnet oder abgelehnt wird, kann Berufung vor der Anklagekammer eingelegt werden.

Diese Berufung muß unter Beobachtung der in Artikel 203 StPO aufgeführten Förmlichkeiten und Fristen eingelegt und durch Erklärung in der Geschäftsstelle des Gerichts für Besserungssachen vorgebracht werden.

Gegen die Entscheidungen des erkennenden Gerichts, mit denen die Anstaltsunterbringung angeordnet oder abgelehnt wird, kann gleichfalls Berufung eingelegt werden. Diese Berufung ist den gleichen Förmlichkeiten unterworfen.

Artikel 9

Auf Antrag des Beschuldigten vernehmen die Ratskammer und die Anklagekammer die Zeugen und ordnen, vorbehaltlich der Anwendung des Artikels 96 der Verfassung, die Öffentlichkeit des Verfahrens an.

Artikel 10

Ergibt sich aus den Verhandlungen vor dem Schwurgericht, daß der Beschuldigte in einem in Artikel 1 aufgeführten Zustand zu sein scheint, oder schlägt es die Verteidigung vor, so werden den Geschworenen Hilfsfragen folgenden Wortlauts gestellt: „Steht es fest, daß der Angeklagte jene als Verbrechen oder Vergehen bezeichnete Handlung begangen hat? Steht es fest, daß der Angeklagte sich in einem Zustand der Unzurechnungsfähigkeit oder in einem Zustand schwerer seelischer Gleichgewichtsstörung oder erheblicher Geistesschwäche befindet, der ihn unfähig macht, seine Handlungen zu kontrollieren?“

Im Falle einer bejahenden Antwort entscheidet das Gericht über die Anstaltsunterbringung entsprechend Artikel 7 dieses Gesetzes und Artikel 364 StPO, geändert durch das Gesetz vom 23. August 1919.

Handelt es sich um ein politisches oder durch die Presse begangenes Verbrechen oder Vergehen, so kann die Anstaltsunterbringung nur bei Einstimmigkeit des Gerichts und der Geschworenen angeordnet werden.

Artikel 11

Wird die Anstaltsunterbringung angeordnet, so wird der Beschuldigte oder Angeklagte zu den Kosten und gegebenenfalls zu Schadensersatz verurteilt.

Er wird in die psychiatrische Abteilung einer Strafvollzugsanstalt eingewiesen.

Artikel 12

Das gleichzeitig sowohl mit der zivilrechtlichen als auch der öffentlichen Klage befaßte Gericht bleibt im Fall des Artikels 7 dieses Gesetzes für die Entscheidung über die erstgenannte Klage zuständig. In dem gleichen Fall ordnen die Untersuchungsrichter und erkennenden Gerichte die besondere Einziehung wie bei einem Verurteilten an.

KAPITEL III

Von der Zusammensetzung und den Befugnissen der bei den psychiatrischen Abteilungen der Strafvollzugsanstalten eingesetzten Kommissionen

Artikel 13

Bei jeder psychiatrischen Abteilung wird eine Kommission eingesetzt, die sich zusammensetzt aus einem von dem ersten Vorsitzenden des Appellationsgerichtshofs bestimmten amtlichen oder ehrenamtlichen Richter, einem Mitglied der Anwaltschaft, das vom Justizminister aus einer von dem Staatsanwalt und dem Vorsitzenden der Anwaltschaft vorgelegten doppelten Liste mit drei Namen ausgewählt worden ist, und einem von dem Justizminister bestimmten Arzt der psychiatrischen Abteilung.

Die Mitglieder der Kommission werden für ein Jahr ernannt; sie haben je einen Vertreter. Ein von dem Justizminister bestimmter Angestellter übernimmt die Aufgaben des Sekretärs.

Artikel 14

Die Kommission bestimmt die Anstalt, in der die Unterbringung erfolgen soll, ordnet gegebenenfalls die Überstellung des Untergebrachten in eine andere Anstalt an und entscheidet über seine versuchsweise oder endgültige Entlassung.

Artikel 15

Die Kommission kann vor ihrer Entscheidung das Gutachten eines nicht der Verwaltung angehörenden Arztes einholen.

Der Untergebrachte kann sich auch von einem Arzt nach eigener Wahl untersuchen lassen.

Artikel 16

Der Staatsanwalt des Gerichtsbezirks, der Direktor der Anstalt, der Untergebrachte und sein Rechtsbeistand werden vernommen; die Akte wird dem Rechtsbeistand des Untergebrachten für achtundvierzig Stunden zur Verfügung gestellt.

Artikel 17

Die Verhandlungen finden unter Ausschluß der Öffentlichkeit statt; der Fürsorgeausschuß kann sich durch eins seiner Mitglieder vertreten lassen.

Artikel 18

Die Überstellung eines Untergebrachten in eine andere Anstalt oder seine Freilassung kann durch den Staatsanwalt oder durch den Untergebrachten gefordert werden; wird der Antrag abgelehnt, so kann der Untergebrachte denselben nicht vor Ablauf von sechs Monaten erneut stellen.

KAPITEL IV

Von der Dauer der Anstaltsunterbringung und der Freilassung des Untergebrachten

Artikel 19

Die Anstaltsunterbringung wird für fünf Jahre angeordnet. Diese Zeit wird auf zehn Jahre verlängert, wenn die Handlung als strafbare Handlung mit Zwangsarbeit oder außerordentlicher oder lebenslänglicher Festungshaft hätte bestraft werden können, auf fünfzehn Jahre, wenn die Handlung als strafbare Handlung mit dem Tode hätte bestraft werden können.

Artikel 20

Hat sich der Geisteszustand des Untergebrachten genügend gebessert, um annehmen zu können, daß er nicht mehr eine Gefahr für die Gesellschaft bildet, so ordnet die in Kapitel III aufgeführte Kommission seine Freilassung an.

Artikel 21

Die Freilassung eines Untergebrachten kann versuchsweise angeordnet werden. In diesem Falle bleibt er für mindestens ein Jahr der psychiatrischen Überwachung unterworfen, deren Dauer und Bedingungen in der Entscheidung, mit der die Freilassung angeordnet wird, festgelegt sind.

Zeigt er keine Anzeichen geistiger Störung mehr, wird seine Entlassung endgültig. Im gegenteiligen Falle oder wenn er sich nicht regelmäßig der psychiatrischen Beobachtung unterwirft, wird er auf Antrag des Staatsanwalts des Gerichtsbezirks, in dem er angetroffen wird, wieder in die psychiatrische Abteilung eingeliefert, in der er vorher untergebracht war, damit dann nach Artikel 14 verfahren werden kann.

Artikel 22

Ist die Freilassung nicht von der Kommission angeordnet worden, so hat der Staatsanwalt das Recht, das Verfahren vor Ablauf der in Artikel 19 bestimmten Fristen vor das Gericht bringen zu lassen, das die Anstaltsunterbringung angeordnet hat.

Dieses Gericht kann die Anstaltsunterbringung für einen neuen Zeitraum nach den in Artikel 19 aufgestellten Unterscheidungsmerkmalen anordnen, nachdem es insbesondere das Gutachten des leitenden Arztes der psychiatrischen Abteilung und des Direktors der Anstalt, in der sich der Untergebrachte befindet, eingeholt hat; die Verlängerung kann auf die gleiche Weise erneuert werden.

Das Schwurgericht entscheidet ohne Mitwirkung der Geschworenen.

Artikel 23

Der wegen eines Verbrechens oder Vergehens Verurteilte, der im Laufe seiner Haft als im Zustand der Unzurechnungsfähigkeit, schwerer seelischer Gleichgewichtsstörung oder erheblicher Geistesschwäche befindlich erkannt wird, der ihn unfähig macht, seine Handlungen zu kontrollieren, kann auf Grund einer Entscheidung des Justizministers, die entsprechend einem Gutachten der durch Artikel 13 eingesetzten Kommission ergeht, in einer von der Regierung bestimmten und eingerichteten Sonderanstalt untergebracht werden. Er kann nach Verbüßung seiner Strafe auf Grund einer von der Staatsanwaltschaft beantragten Entscheidung des Gerichts, das die Verurteilung ausgesprochen hat, nach den Bestimmungen der Artikel 7, 19 und 22 und für die Zeit, die darin festgesetzt ist, aber ohne etwaige Anrechnung der bereits verbüßten Gefängnis- oder Anstaltszeit, weiterhin dort behalten werden.

Artikel 23 a

Die Unterhaltskosten des in Anwendung des Artikels 7 dieses Gesetzes in einer Anstalt der sozialen Verteidigung untergebrachten Beschuldigten gehen zu Lasten des Untergebrachten selbst oder derjenigen Personen, die ihm gegenüber zur Unterhaltsleistung verpflichtet sind, sofern sie zahlungsfähig sind. Sind sie es nicht, so gehen diese Kosten zu Lasten des Staates.

Die Unterhaltskosten des auf Grund von Artikel 23 in einer Anstalt untergebrachten Verurteilten gehen bis zur Verbüßung der Strafe zu Lasten des Staates. Im Falle der Verlängerung der Unterbringung gehen diese Kosten zu Lasten des Untergebrachten selbst oder derjenigen Personen, die ihm gegenüber zur Unterhaltsleistung verpflichtet sind, sofern sie zahlungsfähig sind. Sind sie es nicht, so gehen diese Kosten zu Lasten des Staates.

(Königliche Verordnung vom 14. August 1933, Artikel 1)

KAPITEL V

Von den Rückfälligen und den Gewohnheitsverbrechern

Artikel 24

In den in Artikel 54 und 57 StGB aufgeführten Fällen wird der Rückfällige, sofern die frühere Strafe nicht wegen eines politischen Verbrechens verhängt worden ist, durch die verurteilende Entscheidung für zwanzig Jahre nach der Verbüßung seiner Strafe der Regierung zur Verfügung gestellt.

Artikel 25

Der Rückfällige kann in den in Artikel 56 und 57 StGB aufgeführten Fällen durch das erstinstanzliche oder das zweitinstanzliche Urteil für zehn Jahre nach der Verbüßung seiner Strafe der Regierung zur Verfügung gestellt werden, wenn die Strafe mindestens ein Jahr Gefängnis beträgt. Er kann nach Verbüßung seiner Strafe der Regierung für einen Zeitraum von fünf bis zu zehn Jahren zur Verfügung gestellt werden, wenn die Strafe weniger als ein Jahr Gefängnis beträgt.

Das gleiche Strafmaß kann bei einem im Rückfall einem Vergehen folgenden Verbrechen sowie hinsichtlich desjenigen angewendet werden, der, nachdem er innerhalb von fünfzehn Jahren mindestens drei strafbare Handlungen begangen hat, die je eine Besserungs-Gefängnisstrafe von mindestens sechs Monaten zur Folge hatten, eine ständige Neigung zu verbrecherischem Verhalten zu haben scheint.

Dieser Artikel findet keine Anwendung, wenn die früheren Verurteilungen wegen politischer Straftaten verhängt worden sind, und auch nicht, wenn die neue strafbare Handlung eine politische ist.

Eine Verurteilung, in deren Falle eine Rehabilitierung erfolgt ist, wird nicht berücksichtigt.

Artikel 26

Falls die Maßnahme nicht gesetzlich verjährt ist, werden die Verfahrensakten bezüglich der strafbaren Handlungen, die die Grundlage für den Rückfall bilden, der Akte beigefügt und die Gründe für die Entscheidung darin angegeben.

Artikel 27

Der Rückfällige und der Gewohnheitsverbrecher, die der Regierung zur Verfügung gestellt worden sind, werden gegebenenfalls in einer durch Königliche Verordnung bestimmten Anstalt untergebracht.

Artikel 28

Die der Regierung auf Grund der Artikel 24 und 25 zur Verfügung gestellten Rückfälligen und Gewohnheitsverbrecher können beantragen, von den Wirkungen dieser Entscheidung freigestellt zu werden. Zu diesem Zweck haben sie ihren Antrag an den Generalstaatsanwalt desjenigen Appellationsgerichtshofs zu richten, zu dessen Bereich das Gericht gehört, das sie der Regierung zur Verfügung gestellt hat. Der Generalstaatsanwalt holt alle Auskünfte ein, die er für notwendig erachtet, fügt das Ergebnis derselben der Akte bei und legt diese mit seinen Anträgen einer Strafkammer für Besserungssachen des Appellationsgerichtshofs vor, die nach Anhören des Betroffenen in Anwesenheit seines Rechtsbeistands durch begründete Entscheidung beschließt.

Dieser Antrag kann drei Jahre nach Verbüßung der Strafe und dann nach jeweils drei Jahren gestellt werden, wenn die Dauer der Zurverfügungstellung nicht zehn Jahre übersteigt. In den anderen Fällen kann der Antrag am Ende von fünf Jahren gestellt und nach jeweils fünf Jahren erneuert werden.

KAPITEL VI

Allgemeine Bestimmungen

Artikel 29

Die Bestimmungen betreffend die Strafverfolgung in Besserungs- und Strafsachen finden auf die in diesem Gesetz vorgesehenen Verfahren vorbehaltlich der darin festgelegten Abweichungen Anwendung.

Artikel 30

(Diese Bestimmung ist als Artikel 447 a in die Strafprozeßordnung übernommen worden.)

Artikel 31

Es werden aufgehoben: die Bestimmungen des Strafgesetzbuchs über die Stellung von Personen unter besondere Polizeiaufsicht, Artikel 76 StGB, die dem vorliegenden Gesetz zuwiderlaufende Bestimmungen, insbesondere die des Gesetzes vom 18. Juni 1850, geändert durch das Gesetz vom 28. Dezember 1873 über die Behandlung der Geisteskranken.

Sammlung

Außerdeutscher Strafgesetzbücher

in deutscher Übersetzung

Von den früher erschienenen Bänden sind noch lieferbar:

		DM
Nr. 14.	Vorentwurf zu einem Strafgesetzbuch für das Kaiserlich japanische Reich. Übers. von Assataro Okada. — 53 S. 1899	2,25
Nr. 15.	Strafgesetzbuch der Republik Chile. Amtliche Ausg. Übers. von Alfredo Hartwig. — VIII, 109 S. 1900	4,50
Nr. 16.	Allgemeines Bürgerliches Strafgesetzbuch für das Königreich Dänemark vom 10. Februar 1866 sowie Gesetz, betreffend die Behandlung einiger im allgemeinen bürgerlichen Strafgesetzbuch behandelter Verbrechen und Gesetz über Gewalt gegen schuldlose Personen vom 11. Mai 1897. Übers. von Hans Bittl. — 60 S. 1901	2,40
Nr. 17.	Die bulgarische Strafprozeßordnung vom 3. April 1897. Übers. von A. Teichmann. — 86 S. 1902	3,40
Nr. 19.	Das Portugiesische Strafgesetzbuch. Übers. von F. Zander. — XII, 120 S. 1903	4,50
Nr. 21.	Die Ottomanische Strafprozeßordnung, veröffentlicht auf Irade vom 5. Redscheb 1296 (25. Juni 1879). Übers. von W. Padel. — VIII, 74 S. 1905	3,75
Nr. 22.	Dänemark. 1. Interimistisches Gesetz Nr. 129 vom 1. April 1905 betr. Änderungen der Strafgesetze (Prügelgesetz). 2. Verordnung betr. Körperstrafe und Vollziehung. 3. Bekanntmachung Nr. 140 vom 6. September 1915 betr. die Durchführung der im interimistischen Gesetze vom 1. April enthaltenen Bestimmung, daß Gefängnisstrafe bei gewöhnlicher Kost mit Arbeitszwang verbunden ist. — 20 S. 1906	0,90
Nr. 23.	Strafgesetzbuch für das Kaiserlich japanische Reich vom 23. April 1907. Übers. von Shigema Oba. — 47 S. 1908	2,25
Nr. 27.	Neueste englische Kriminalpolitik. 1. Children Act, 1908. — 2. Prevention of Crime Act, 1908. — 3. Probation of Offenders Act, 1907. Übers. von Ernst Rosenfeld. — 106 S. 1909	3,—
Nr. 31.	Japanisches Militär-Strafgesetzbuch vom 9. April 1908. — Japanische Militär-Strafgerichtsordnung vom 19. Oktober 1889. Übers. von Rennosuke Fujisawa. — 45 S. 1911	1,80
Nr. 32.	Vorentwurf zu einem Strafgesetzbuch für das Königreich Serbien. Nach der amtlichen Ausgabe übers. u. hrsg. von Zivko Topalovits u. Hans Landsberg. — 83 S. 1911	3,—
Nr. 33.	Das Alkoholgesetz in Chile vom 18. Januar 1902. Übers. von Alfredo Hartwig. — 37 S. 1912	1,50
Nr. 35.	Englisches Spionage-Gesetz vom Jahre 1911. — 12 S. 1912	1,20
Nr. 36.	Das Gerichtsverfassungsgesetz und die Strafprozeßordnung von Japan. Mit Anhang: Gesetz über die Gefangenenanstalten. Übers. u. mit Anm. versehen von Mannosuke Yamaoka u. Otto Kerry. — 100 S. 1912	4,50
Nr. 38.	Das polizeiliche Strafverfahren in Ungarn. Übers. von Gabriel von Szöllösy. — 109 S. 1912	4,50

Fortsetzung auf der 3. Umschlagseite

Sammlung Außerdeutscher Strafgesetzbücher (Fortsetzung)

DM

Nr. 39. Regierungsentwurf eines Österreichischen Strafgesetzbuches und einer Abänderung der Strafprozeßordnung (1912). — 188 S. 1913 6,75

Nr. 40. Das russische Militär-Strafrecht. Übers. u. bearb. von Klibanski. 165 S. 1913 5,25

Nr. 41. Ungarisches Jugendgerichtsgesetz vom Jahre 1913. Mit einem Vorwort von R. Vambéry. — 41 S. 1913 1,50

Nr. 42. Die Strafprozeßordnung des Königreichs Italien vom 27. Februar 1913, nebst dem Einführungsgesetze dazu. Mit Anhang: Gesetz des Königreichs Italien betreffend die Irrenhäuser und die Irren vom 14. Februar 1904. Übers. u. mit Anm. versehen von G. Erich. — 184 S. 1913 6,75

Nr. 43. Das englische Gesetz betr. die Fürsorge und Verwahrung geistig Minderwertiger. Übers. von E. Behrend. — 46 S. 1914 1,80

Nr. 44. Japanische Strafgesetze. I. Schwurgerichtsordnung vom 18. April 1923 und strafrechtliche Nebengesetze. Übers. v. Hyoichiro Kusano, Tadao Sugiura u. Fritz Bartelt. — II. Strafvollzugsgesetz v. 28. März 1908 nebst AusfVO vom 16. Juni 1908. Übers. v. Toshita Tokiwa u. Werner Gentz mit 6 Abb. V, 55 S. 1927 4,50

Nr. 45. Die Auslieferungsgesetze Norwegens, Schwedens und Finnlands. Mit einer systematischen Darstellung der Grundzüge des nordischen Auslieferungsrechts im Hinblick auf den Erlaß eines deutschen Auslieferungsgesetzes. Von Ernst Wolgast. — VIII, 487 S. 1928 30,–

Nr. 46. Das Türkische Strafgesetzbuch vom 1. März 1926. Gesetz Nr. 765 (Türkisches Gesetzblatt Nr. 320 vom 13. März 1926). Das Ausführungsgesetz zum türkischen Strafgesetzbuch vom 26. April 1926. Übers. von Kurt Ziemke. — 138 S. 1927 7,50

Nr. 47. Entwurf eines griechischen Strafgesetzbuches. Übers. u. eingel. von Demetrius G. Venturas. — 123 S. 1928 10,50

Nr. 48. Italienischer Vorentwurf zu einem neuen Strafgesetzbuch (Progetto di un nuovo codice penale). Übers. von K. Bunge. — XXXII, 224 S. 1928 15,—

Nr. 49. Strafgesetzbuch (Ugolownyi Kodex) der Russischen Sozialistischen Föderation Sowjet-Republik (R. S. F. S. R.) vom 22. XI. 1926 mit den Änderungen bis zum 1. VIII. 1930. Übers. von Wilhelm Gallas. 68 S. .... 1931 6,—

Nr. 50. Das italienische Strafgesetzbuch vom 19. Oktober 1930. In deutscher Übersetzung von K. Bunge. — 227 S. 1933 10,50

Nr. 51. Das italienische Jugendgerichtsgesetz vom 20. Juli 1934 mit Erläuterungen und einem geschichtlichen Überblick über das italienische Jugendstrafrecht. Von Erich Pritsch. — 51 S. 1935 3,–

Nr. 52. Das englische Jugendwohlfahrts- und Jugendgerichtsgesetz vom 13. April 1933 (Children and Young Act, 1933) (23. Geo. 5. Ch. 12). Unter Mitwirkung von Elsa Hennings übers. mit einer Einl. u. Anm. versehen von Rudolf Sieverts. — 116 S. 1938 10,50

Nr. 53. Das Australische Strafrecht. Dargestellt von Leask. Übersetzung von Maria von Gottstein. — 8⁰. VI, 203 S. .... 1939 12,—

Nr 54. Das Rumänische Strafgesetzbuch Carol II. vom 18. März 1936 mit den Abänderungsgesetzen vom 8. April 1936, 22. Dezember 1936, 22. Januar 1938, 24. September 1938 und 7. Oktober 1939. In deutscher Übertragung mit einer rechtsgeschichtlichen Einführung u. rechtsvergleichenden Texthinweisen von Constantin Isopescul-Grecul u. Dimitrie Androhovici. — 224 S. .... 1942 18,—

Fortsetzung auf der 4. Umschlagseite

Sammlung Außerdeutscher Strafgesetzbücher (Fortsetzung)

DM

Nr. 55. Das englische Gesetz über Kriminalrechtspflege von 1948 (Criminal-Justice Act 1948). Deutsche Übersetzung von Armin Künemund mit einer Einleitung versehen von Rudolf Sieverts. 8°. XVI, 94 S. 1952 12,—

Nr 56. Das jugoslawische Strafgesetzbuch vom 2. März 1951. In deutscher Übertragung mit einer Einführung von August Munda. 8°. XII, 110 S. 1952 10,—

Nr. 57. Das Tschechoslowakische Strafgesetzbuch vom 12. Juli 1950. In deutscher Übertragung mit einer Einleitung v. Erich Schmied. 8°. 2. Auflage VI, 125 Seiten. 1958 15,30

Nr. 58. Das Zivil- und Strafprozeßgesetz Schwedens. Übersetzt und eingeleitet von Gerhard Simson. 8°. XII, 212 S. .... 1953 24,—

Nr. 59. Das Griechische Strafgesetzbuch v. 17. August 1950. In dt. Übertragung mit einer Einführung von D. Karanikas. 8°. VIII, 94 S. .... 1953 9,—

Nr. 60. Strafgesetzbuch der Russischen Sozialistischen Föderativen Sowjet-Republik vom 22. November 1926 in der am 1. Januar 1952 gültigen Fassung mit Nebengesetzen und Materialien. Übersetzt von Wilhelm Gallas. 8°. XII, 104 S. 1953 12,50

Nr. 61. Das Brasilianische Strafgesetzbuch. Mit Einleitung versehen u. übers. von Dietrich Lang-Hinrichsen. 8°. VIII, 105 S. 1953 12,30

Nr. 62. Das Dänische Strafgesetzbuch vom 15. April 1930 in der Fassung der Bekanntmachung vom 24. Juni 1939 nach dem Stande vom 1. April 1953. Übersetzt von Franz Marcus. 8°. V, 75 S. 1953 8,90

Nr. 63. Strafgesetzbuch von Louisiana. Gesetzgebungsakte des Jahres 1942 Akt.-Nr. 43. Übersetzt von Gernot Straub. 8°. VI, 46 S. 1953 5,90

Nr. 64. Das indische (pakistanische) Strafgesetzbuch (Act XLX von 1860). Mit Einleitung versehen u. übers. von Georg Dahm. 8°. VIII, 139 S. 1954 15,70

Nr. 65. Das abgeänderte Japanische Strafgesetzbuch vom 10. August 1953. Übersetzt v. Kinsaku Saitou. Haruo Nishihara. 8°. X, 37 S. 1954 6,20

Nr. 66. Das Finnische Strafgesetzbuch vom 19. Dezember 1889. Übersetzt von Brynolf Honkasalo. X, 110 Seiten 1954 11,60

Nr. 67. Das Türkische Strafgesetzbuch vom 1. März 1926. Gesetz Nr. 765 (Türkisches Gesetzblatt Nr. 320 vom 13. März 1926. Übersetzt und mit einer Einführung vers. v. Naci Şensoy u. Osman Tolun. XIII, 141 S. 1955 17,—

Nr. 68. Das Dänische Kriminalgesetzbuch für Grönland vom 5. März 1954. Übers. und mit einer Einleitung versehen von Franz Marcus. 8°. 38 S. 1955 4,80

Nr. 69. Das spanische Strafgesetzbuch vom 23. 12. 1944. Übersetzt von Antonio Quintano-Ripollés und Johanna Heilpern de Quintano unter Mitwirkung von Helmut Scharff. 8°. XVI, 109 S. .... 1955 14,—

Nr. 70. Die polnische Strafgesetzgebung seit 1944. Von Georg Geilke. 8°. VIII, 143 S. .... 1955 18,—

Nr. 71. Das Argentinische Strafgesetzbuch von den gesetzgebenden Körperschaften angenommen am 30. September 1921 und verkündet am 29. Oktober 1921 (Gesetz Nr. 11 179). Übersetzt und mit einer Einleitung versehen von Heinz Mattes. 8°. VIII, 109 S. 1957 12,80

Nr. 72. Das Cubanische Strafgesetzbuch. Gesetzbuch der Sozialen Verteidigung. In deutscher Übertragung von Günter Blau. XXVII, 187 S. 1957 22,50

Nr. 73. Das Bulgarische Strafgesetzbuch vom 2. Februar 1951. Übersetzt von Thea Lyon. VI, 63 S. 1957 7,60

Nr. 74. Die Ungarische Strafprozeßordnung. III. Gesetz vom Jahre 1951 durch Gesetz V vom Jahre 1954 modifizierter Text. Übersetzt von Erich Heller. VIII, 80 Seiten. 1958 10,20

Nr. 75. Das Belgische Strafgesetzbuch. Übersetzt von Heinrich Grützner unter Mitw. von Gisela von Kieckebusch. Einleitung von J. Marchal. XII, 126 S. .... 1958 16,—

FSC
www.fsc.org
MIX
Papier | Fördert gute Waldnutzung
FSC® C083411

Kolibri 360 GmbH
Ferdinand-Jühlke-Straße 7
99095 Erfurt, Deutschland
produktsicherheit@kolibri360.de